U0128004

江西通史

——民國卷第一冊

總序

鍾起煌

　　世界上的很多事情都是由機緣而起因執著而成，包括我們這部《江西通史》。

　　說由機緣而起，是因為這件事情的發生幾乎純屬偶然。二〇〇二年夏天，我和彭適凡、孫家驊同志談到江西悠久的歷史、談到江西輝煌的文化，因而產生了組織專家編撰《江西通史》的設想，彭、孫二位當即認為此舉當行而且可行。

　　說因執著而成，是因為一旦有這個想法，而且認為這是一件研究江西歷史、弘揚江西文化的重要工程，就決心去做。為此，我徵詢了周鑾書同志的意見，並邀請邵鴻和方志遠同志共商此事，得到他們的熱烈響應。二〇〇二年十月十八日，在江西省文物局和江西師大歷史文化與旅遊學院共同舉辦的全省文博教育成果展示與經驗交流會上，我向大會通報了編撰《江西通史》的意見，引起全體代表的熱烈反響，大家用長時間的熱烈掌聲表示支持，認為這是貫徹「三個代表」重要思想、全面挖掘和整理江西傳統文化、推進江西經濟文化建設的一大盛事。有了這個共識，十二月十三日，準備工作進入實質性階段。在我的主持下，召開了有關專家和編輯人員的聯席會議，對編撰《江西通史》的指導

思想、作者人選、工作日程、成果形式等具體問題展開了比較細緻的討論。二〇〇三年二月十五日，召開了第一次編撰工作會，《江西通史》的編撰工作就此正式啟動。

雖然說是機緣和偶然，但新的《江西通史》的編撰，實具備諸多因素和條件。

一、江西在中國歷史上具有重要的地位。根據最新的考古發現，在江西這塊土地上，人類的活動至少已有二十萬年歷史，它是中華民族發展史和古代文明發展史的重要組成部分；唐末五代以來，隨著全國經濟重心的南移，江西遂為全國經濟文化最為發達的省份之一，其物產之富、人才之眾，舉世矚目；進入二十世紀，江西又因為中央蘇區的建立而成為全國蘇維埃運動的中心。很難想像，在十分漫長的時段裡，沒有江西的中國歷史將會是什麼樣子。

二、文獻與實物資料豐富。江西既有「物華天寶、人傑地靈」之譽（唐王勃語），又素稱「文章節義」之邦（宋司馬光語）和「人文之藪」（清乾隆帝語），存世官修私撰文獻極為豐富。近年來一系列的考古發現，既可彌補文字記載之不足，更可與文

獻資料相互印證，為編撰《江西通史》提供了可供參考的實證材料和科學依據。

三、前期成果豐碩、學術隊伍整齊。老一輩的歷史學家仍然健在，他們不但學術積累深厚，而且對研究江西歷史有著強烈的責任心；中青年學者正趨成熟，他們繼承了前輩學者的嚴謹學風，又吸收了新的研究方法和研究技術，思維敏捷，勇於創新。在他們的共同努力下，這些年來已有大批高質量的有關江西歷史的學術成果問世，這些成果涉及江西歷史的方方面面，為編撰《江西通史》奠定了堅實的學術基礎。

四、政治環境寬鬆、經濟形勢發展。盛世修志是中國的傳統。改革開放以來，政通人和，國泰民安，江西經濟和全國一樣，有較快速度的發展。這為編撰《江西通史》提供了自由的學術氣氛和比較充裕的財力保證。近年來，江西的學術事業和出版事業取得了有目共睹的成就，連續獲得中宣部「五個一」工程獎和國家圖書獎、中國圖書獎，給江西文化藝術界和學術界以振奮，也引起了各兄弟省市的關注。這些成就的取得，為我們組織大規模著作的編撰工作提供了經驗。而周邊各省如湖北、湖南、浙江以及其他省市新編通史的紛紛問世，對《江西通史》的編撰是有力的推動，也提供了有益的借鑑。

五、從我個人來說，當時也恰恰能分出一些精力和時間來抓這件事情。於是儘力協調各方面的關係，為作者們、編者們排除各種障礙，以保證這項重大工程的圓滿完成。

四年來，《江西通史》的編撰工作得到了各方面的關心和支持。黃智權、吳新雄省長親自過問此事並指示有關部門給予支

持，省政協將其作為一件大的文化事業進行推動，省社聯將其列為重大科研項目，江西師大、南昌大學、省社科院、省文物局、省博物館和省考古所等有關單位也對參與編撰的專家們給予各種便利，出版部門派出了強大的編輯班子並準備了足夠的啟動和出版資金。特別要指出的是，各位作者在繁忙的教學和科研工作中，能夠將《江西通史》的寫作列入重要的工作計劃並全身心地投入。我在第一次全體編撰會議上指出，《江西通史》的編撰是一項挖掘和弘揚江西歷史文化傳統的千秋事業，希望作者和編者將其視為自己學術生涯中的重大事業。事實證明，作者和編者們後來都是這樣要求自己的。正是因為有了各方面的支持和全體編撰人員的共同努力，十一卷的《江西通史》才能順利地完成書稿並得到如期出版。

明代中期，隨著區域經濟文化的發展，修撰地方誌成為一大文化現象。各省、各府乃至各縣的省志、府志、縣誌大量湧現。此後遂為傳統。盛世修志也不僅僅限於修前朝歷史，更大量、更具有普遍意義的乃是修當地地方史。具有全局意義的江西省志也正是在這個時候產生的。自明中期以來，江西整體史著作已編撰過多部，其中著名的有：林庭㭿《江西通志》（37 卷，明嘉靖四年），王宗沐《江西省大志》（8 卷，嘉靖三十五年；萬曆二十五年陸萬垓增修），于成龍、杜果《江西通志》（54 卷，清康熙二十二年），白潢、查慎行《西江志》（206 卷，康熙五十九年），高其倬、謝旻《江西通志》（163 卷，雍正十年），劉坤一、劉繹、趙之謙《江西通志》（180 卷，光緒七年），吳宗慈、辛際周、周性初《江西通志稿》（9 編，民國三十八年）。二十世紀

末，又有許懷林的《江西史稿》（1994 年，江西高校出版社），陳文華、陳榮華主編的《江西通史》（1999 年，江西人民出版社）問世。這些著作在保留江西歷史遺存、挖掘江西歷史文化方面作出了重要的貢獻。如何在充分吸取前人成果的基礎上有所發展、有所創新，是對新編《江西通史》的重大考驗。

為了使新的《江西通史》更具有時代特色和歷史價值，更具有劃時代的意義，我們對這部著作提出了以下的要求。

一、中國歷史是一個整體，我們在研究任何地方歷史的時候，都不能脫離這個整體。因此，正確認識各個歷史時期江西在全國政治經濟格局中的地位就顯得尤其重要，必須充分關注江西與中央、與周邊地區的關係，不溢美、不自卑，不關起門來論江西，將《江西通史》寫成一部與中華民族的整體有著血肉聯繫的江西歷史。

二、《江西通史》是系統記述和研究江西歷史的大型學術著作，由眾多學者共同參與完成。一方面，各卷是作者的個人成果，是作者最新研究成果的結晶，可以也應該有自己的風格和特色，所以希望作者精益求精，使其成為各自領域的學術精品。另一方面，甚至更為重要的是，它又必須是一個整體，是一部「通史」，所以全書十一卷必須有統一的體例和統一的要求，在文風上一定要力求簡潔、明快。各卷作者務必服從整體、服從大局，使自己的作品成為整個《江西通史》的有機組成部分。

三、《江西通史》必須是一部真實、動態、有可讀性的信史。所謂真實，是指史料翔實、言必有據。此「據」是經過考證後認為合理的，否則，「盡信書則不如無書」（孟子語）。這就需

要每個作者既儘可能地系統爬梳和挖掘史料，又謹慎辨析和使用史料。所謂動態，是指用發展的眼光看問題，既將問題放在特定的歷史背景之下，又特別關注它的演進過程，因為即使是同一件事物，其狀態和作用也是隨著時間的推移和社會的變遷而變化的。這就需要每個作者以歷史唯物主義和辯證唯物主義的觀點和方法去闡釋歷史、去探討歷史演進的規律。所謂有可讀性，是指應該用流暢的文字、敘述的方法寫作，展示的是作者的觀點和結論，而不是考辨的過程，它的體例是史書而不是論文。無圖不成書。圖文並茂是中國出版物的優良傳統和重要特點，《江西通史》應該在儘可能的情況下，收集能夠說明江西歷史各階段各方面狀況的歷史圖片，以加強其歷史感和可信度，同時也使其更具有可讀性。

四、以人為本，以民為本，以基層社會為本。所謂以人為本，指的是要寫成人的歷史，以人的活動為描述對象，即使是制度、習俗，也應儘可能地有人的活動。所謂以民為本，指的是儘可能地站在大眾的立場上來敘述歷史、看待歷史，更多地敘述大眾的活動。所謂以基層為本，是因為地方史本身就是基層乃至底層的歷史，要儘可能地揭示基層組織和底層社會的活動狀況。在此基礎上，充分重視統治者和社會菁英對社會的主導作用，重視自然環境、人文環境，特別是包括傳統價值觀念和現實政治制度等在內的上層建築對個人、對大眾、對底層的影響和制約作用，寫成一部上層建築與經濟基礎互動、國家權力與基層社會互動、社會菁英與人民大眾互動的歷史。

十一卷本《江西通史》即將付梓，我們希望它的出版能夠成

為江西歷史研究的新的里程碑、能夠成為江西文化史上的一大盛事。當然，能否達到這個目標，還要由讀者和歷史來檢驗。

導論

　　一九一二年一月一日，中華民國宣告成立。中華民國的成立，在中華大地上結束了兩千多年的封建帝制和清朝二百六十多年的統治，開創了現代社會發展的歷史新階段。

　　本卷敘述的是中華民國時期（1912-1949 年）的江西歷史。中華民國是一個歷史時期。這個時期，是中國社會性質發生劇變，從半殖民地半封建社會走向資本主義和新民主主義社會的過渡時期，也是社會內容既豐富多彩又複雜多變，社會矛盾、階級矛盾和民族矛盾糾結交替，現代國家在建設和戰爭中曲折前行、走向崛起的重要轉型時期。在這個歷史時期內，現代城市建設、社會公共領域和現代生活與時尚也不斷呈現新的面貌。這一切，既是歷史的豐富內容和質的規定性，又是江西民國歷史形成和發展的宏大背景。本卷即是在這一規定性和時代背景下，對江西的民國史進行考察和敘述。

一

　　江西在民國歷史上具有鮮明的特點與重要的地位。從歷史的獨特性和對國家的影響與貢獻上看，其特點與地位主要表現在如

下幾個方面：

第一，在中華民國的開國史上，江西是革命的首義地區之一。萍瀏醴起義、辛亥革命和二次革命，為民國的創建作出了重要的貢獻。

萍瀏醴起義，是一九〇六年十二月四日（光緒三十二年十月十九日）萍鄉籍同盟會會員蔡紹南與湖南籍會員劉道一等奉孫中山派遣，從日本返國領導發動的武裝起義。這次起義首發於萍鄉，揭出「中華國民軍」的名號和表達以孫中山為代表的資產階級革命派綱領的起義檄文，數日間遍及瀏陽、醴陵、宜春、萬載等贛湘邊境十多個縣。起義雖然在清政府調集的四省重兵鎮壓下失敗，但它是一九〇五年中國同盟會成立後舉行的第一次以推翻封建帝制、建立民主共和制國家為目標的大規模武裝起義。起義爆發，如孫中山所說，引起「全國震盪」，一系列武裝起義隨後在全國各地接踵舉行，直至辛亥革命取得成功。因此，這次起義和其他各次起義一起，成為辛亥革命的前奏，敲響了封建帝制和清政府覆滅的喪鐘。

一九一一年十月十日在武昌爆發的辛亥革命，迅速波及江西。江西成為僅比湖南、陝西晚一天的全國第三個起而響應革命的省區。十月二十三日，由同盟會會員掌握的駐九江新軍五十四標奮起響應武昌起義，宣佈獨立。三十一日，同盟會員蔡公時發動南昌新軍起義，建立了江西軍政府，江西全省遂告獨立。江西獨立，壯大了革命的聲威，對長江下游產生了重要的影響，「江西既定，東南蓋不足謀」，「由是而蘇而浙而皖，革命之聲勢驟盛，兩月之間披靡全國，真亘古所未有也」。一九一二年一月一

日，孫中山在南京就任臨時大總統，宣告了延續兩千多年的封建帝制的結束，創建了中華民國。

民國成立之初，面對掌握總統職權的袁世凱鎮壓國民黨人民主政治鬥爭的形勢，江西國民黨人擁護孫中山興師討袁的主張。一九一三年七月十二日，李烈鈞在江西湖口率先宣佈獨立，組織討袁軍，誓師通電討袁。南京、上海、安徽、湖南、廣東、福建、重慶等省市紛起響應，共同興師討袁，形成民國史上著名的國民黨「二次革命」。「二次革命」在袁世凱重兵圍攻下，雖然只堅持了兩個月，但其所表現出的民主革命精神和無畏氣概，所堅守的孫中山民主革命思想和共和原則，在中國國民黨史和中華民國史上占有重要的一頁。

第二，江西是中國共產黨領導土地革命的主要地區，中共在江西領導創建革命根據地的鬥爭，導引了中國的前進方向和歷史命運。

在江西這塊土地上，中共首舉武裝反抗國民黨建立一黨專制統治的大旗，舉行八一南昌起義，提出並實行土地革命、人民政權和以蘇維埃救中國的革命綱領和建國方略，建立了以瑞金為中心的中華蘇維埃共和國。江西作為中共領導土地革命的中心區域，先後創建有井岡山、中央、贛東北（閩浙贛）、湘贛、湘鄂贛等革命根據地，江西擁有全國最早、最大和最多的革命根據地，全省三分之二以上的地區曾為蘇維埃區域，被人們稱為人民軍隊誕生的搖籃、探索中國革命道路的搖籃，打造中華人民共和國的搖籃，「中國革命前進的偉大基地」。毛澤東等一大批無產階級革命家在江西這塊紅土地上戰鬥、生活和創造，將馬克思主

義與中國革命實踐相結合，初步創立了指導中國革命的科學理論體系毛澤東思想，開闢了中國特色的中國革命勝利之路，學習和實踐了治國安民的藝術和戰爭的藝術，建設了一個廉潔的政府和一支堅強的人民軍隊，為中國革命和建設培養了一大批會治黨、治國、治軍的優秀骨幹力量（中共第一、二代領導集體成員毛澤東、周恩來、劉少奇、朱德、張聞天、任弼時、鄧小平、陳雲、葉劍英、胡耀邦、楊尚昆等，當年都是在中央革命根據地叱吒風雲的主要或重要領導人；新中國建國初期擔任從國家主席到省部級職務的黨政軍領導幹部中的 140 多人，人民軍隊的 9 位元帥、7 位大將、34 位上將、114 位中將和更多的少將，曾在江西紅土地上戰鬥、生活，經歷了創建革命根據地的艱苦鬥爭的考驗）。中國共產黨在江西等地的奮鬥，揭示、引導了中國的前進方向和歷史命運。以中央革命根據地為中心的土地革命史和革命戰爭史，成為中國共產黨史和中國革命史的一個重要歷史階段，也是中華民國史上極富特色和地位的重要內容。

第三，江西是國民黨統治的重心地區，在國民黨執政後的民國政治、經濟史上占有重要的地位。

在地理上，江西位處長江中游、東南腹地，史稱「吳頭楚尾，粵戶閩庭，形勝之區」，尤其是毗鄰國民黨京畿重地，是衛護南京和蘇浙的重要戰略區。在政治上，一九二七年四月南京國民政府成立後，國民黨成為執掌全國政權的政黨。在很長時間內，江西在總體上屬於國民政府切實管轄的省份之一，是國民黨統治的基本地區。特別是在抗日戰爭前的十年間，江西還是國民黨黨政軍要人在地方活動最多的省區之一，廬山被稱為南京國民

政府的「夏都」，每到盛夏酷暑，從國民黨中央黨部到國民政府各院、委、部，紛紛遷至廬山辦公，國民黨的許多內政外交、政治經濟軍事方針，是在廬山作出的。蔣介石在南昌設立的行營，更是地位特殊，以致於「可以說是當時中國真正的首都。軍事行動之外，行營更致力於政治、財經措施」，成為「南京統治的黨政軍中樞」，而被胡漢民斥之為「駕乎中央黨部、國民政府的太上黨部和太上政府」。數年間袞袞大公、森森冠蓋往來於南京、江西之間，極一時之盛。在經濟上，江西是傳統的糧食主產省，農業資源和礦產資源極為豐富，在民國經濟格局中，也有其獨特的優勢地位。

第四，江西是東南抗戰的重要省區，為民族抗戰的最後勝利作出了重大貢獻。

抗日戰爭期間，江西是東南抗戰的重要省區。全省以大量的糧食和兵役、伕役，支持第三、第九和第四戰區的作戰，給國家貢獻壯丁一百零三點八萬人，每年徵收徵購糧食達五千餘萬石、年平均占重慶國民政府徵糧總量的百分之十二點九；公營和民營工商業也因戰爭的需要，得到國民政府的扶持，有一個很大的發展，在大後方近二十個省中位列前茅（可惜在一九四五年初被日本侵略軍摧毀殆盡），為支持東南地區的抗戰和資助西南大後方，作出了重大貢獻。因此，時人論述江西在東南和全國抗戰中的地位，認為江西是屏蔽西南、支撐東南的重要軍事堡壘和糧食倉庫，指出在抗戰大局中，「江西屏藩湘粵，控制蘇皖，進擊長江，可截敵人之腰，俯窺金陵，可瞰敵人之背，地利所宜，實反攻收復失地之前衛，且魚米財富，素稱豐饒，抗戰以來，資助後

方，允屬柱石」。

二

民國時期的江西歷史進程，以一九二六年秋北伐軍攻占南昌實現政權轉換為界，經歷了北洋政府與國民政府兩個統治時期。在現代社會轉型和民族民主革命交相行進的背景下，革命戰爭、民族抗戰、現代建設和國家權力深入基層的社會控制，構成江西民國歷史的主要線索。這些主要線索如何展開和行進，江西民國歷史是怎樣走過來的，是本書所要敘述的主要內容。

江西民國史，可以上溯到國民黨早期革命組織的建立。一九〇五年中國同盟會在日本東京成立後，孫中山派會員黃格鷗（清江人）、魏會英（贛州人）回江西發展組織。一九〇六年，他們以一九〇四年成立的反清革命團體易知社、我群社為主，建立同盟會江西支部。同盟會是中國最早建立的革命政黨，也是國民黨的前身，它在江西機構的設立，表明江西從此有了國民黨的組織。同盟會江西支部與一九〇九年為聯絡會黨而建立的反清革命團體共進會江西分會（會長鄧文翬），在全省祕密發展組織，掌控新軍和會黨，發動反清武裝起義，是萍瀏醴起義、辛亥革命江西光復的組織者和領導者。

民國成立，江西政權為革命黨人所掌握。一九一二年八月，孫中山等以中國同盟會為基礎組成國民黨。國民黨的稱謂，即從此始（一九一四年孫中山另組中華革命黨，一九一九年恢復國民黨名稱，改稱中國國民黨）。江西的同盟會、共進會兩組織隨即奉國民黨本部之命，合組為國民黨江西支部。這時，國民黨黨員

遍於全省，為數不下二萬人，江西的國會議員和省議會議員，也大多數是國民黨人。因此，這個時期被江西國民黨人認為是一個「全盛時期」。一九一三年江西首先發動討袁的「二次革命」，與此不無關係。

一九一三年七月，袁世凱派北洋第六師師長李純進軍江西，一個多月間打敗反袁的數萬贛軍，國民黨領導的「二次革命」在江西宣告失敗。李純隨即署理江西都督，建立起北洋軍閥對江西的統治，同時對曾擔任文武官員、記者的國民黨人，和國民黨籍的十名國會參議院議員、二十五名眾議院議員以及眾多省議會議員，「一律按冊緝捕」，給全省的國民黨組織以毀滅性的打擊。江西國民黨人徐秀鈞（時任國會眾議院議員）等被捕殺，其餘「盡為亡命」，「四方竄伏，而以日本東京為最多」。

北洋軍閥入主江西，開始了對江西長達十四年的統治。在這一長時間內，江西被捲入社會大轉型潮流，一方面，北洋軍閥的暴戾統治及由此產生的戰亂，給江西人民帶來深重的災難；另一方面，因為時代的變化，全省政治、經濟和文化形態也日益發生著深刻的變化，出現了許多以往所不曾有的新鮮事物。江西曾長期處於南北戰爭的前線，境內多次發生過局部戰爭和客軍過境，時局動盪在不少年份成為基本特徵。軍閥始終主導著全省政權，但在民國和民主的大背景下，行政體制也有較大的改變和創新。新的政治學說、思想觀念、政黨組織和文化運動，通過上海、北京和廣東，相繼傳入江西並在社會尤其是青年中引起巨大反響；以「贛人治贛」為核心的自治運動風靡一時；五四運動和抵制日貨行動在全省高潮迭起，作為革命政黨的中國國民黨和中國共產

黨，先後在江西恢復建立和創立自己的組織，主要以祕密方式進行組織建設、武裝起義和響應北伐戰爭，引導國民革命和工農運動蓬勃發展。農業仍然在經濟中占據絕對的主體地位，但新型的資本主義經濟乘勢而興，出現一個創辦實業的小高潮。近代教育體制逐漸建立，中小學教育和留學教育出現新的氣象。所有這一切，構成這一時期社會變動和社會轉型的基本內容和重要特點，也折射出歷史的複雜性和豐富的多樣性。

北伐戰爭開始前後，國共合作領導的國民革命，在江西逐漸走向高潮，江西歷史進入重要的轉折時期，也呈現出空前的複雜性和尖銳性。其間，既有國民革命氣勢如虹的浪潮，北洋軍閥政權向國民黨政權轉換的新舊政權交替，為期六十六年的九江英租界被革命政府一舉收回，有組織的民眾力量走上政治舞台，也有革命內部各派力量由聯合對敵轉為分裂對立，國民黨右派與左派之間的矛盾和鬥爭，國民黨右派與中共及工農民眾之間的矛盾和鬥爭，相互交織，錯綜複雜，並在共同進行的對北洋軍閥的作戰中，日益激烈、直接地顯露出來，影響和左右著江西政局及其走向。後期出主江西政務的朱培德，在以蔣介石為首的南京政權、以汪精衛為首的武漢政權以及中國共產黨之間，依違留連，加劇了政局的波譎雲詭和各派力量的興替消長。幾經反覆、周折之後，江西最終成為南京國民政府統治下的一個基本政區。

一九二七年國民黨實行反共清黨政策，其自身性質發生變化。同年四月成立南京國民政府，次年完成北伐統一，國民黨成為執掌全國政權的政黨，實行以黨治國、以黨治政和以黨治軍，其政治地位較之以前有了根本變化。在與國民黨合作領導革命建

國的模式夭折後，中國共產黨被迫另闢新路，舉行八一南昌起義、湘贛邊秋收起義，開始走上獨立領導土地革命、探索重建現代國家的艱難征程。土地革命時期，江西六十多個縣曾被紅色武裝所割據或衝擊，出現「江西的農村起義比哪一省都要普遍，紅軍游擊隊比哪一省都要多」的革命局面。中共相繼在江西建立井岡山、贛東北、中央、湘鄂贛、湘贛革命根據地，為大規模領導武裝鬥爭並將土地革命的中心放在江西，提供了有利的條件和堅實的力量。江西人民在土地革命戰爭中前仆後繼，英勇奮鬥，僅參加紅軍者達三十多萬人，有名有姓的革命烈士達二十五萬多人，為中國新民主主義革命和人民大眾解放事業，作出了重大奉獻。江西歷史，因此高峰凸起而為國內外所矚目。

一九二七年夏到一九三七年夏的十年，內戰和建設兩種情形，在江西交替出現。中國共產黨在江西創建革命根據地、領導土地革命的鬥爭，作為現代中國發展另一條道路的探索，形成對執政的國民黨的嚴重挑戰。因此，國民黨出動大軍，從以小規模為主的地方性作戰到由中央主導指揮的大兵團軍事進攻，對中共和紅軍進行長期的反覆的「圍剿」。江西省在一九二七年起的七年中，成為國共兩黨「圍剿」和反「圍剿」戰爭的主要戰場之一。期間，國民黨中央和國民政府的許多大政方針和重要決策，是在江西等地針對著革命根據地作出的，其中不少明顯地受到革命根據地政策的深刻影響；國共兩黨的活動尤其是建國方向與治政方略，也圍繞著戰爭的行進，得到充分的展示和實踐。國共兩黨以「圍剿」和反「圍剿」的軍事作戰形式進行的鬥爭，對中國歷史和國共兩黨，以及對江西的經濟社會發展產生重大的影響。

一九三〇年底，蔣介石入贛指揮對紅軍的第一次「圍剿」戰爭，同時負責統一指導地方黨務。由此而至一九三四年第五次「圍剿」結束，江西省黨政事務，轉入以協助「圍剿」軍事為中心，省政府、省黨部依照國民政府軍事委員會委員長南昌行營的安排，竭力進行了行政機構改革、編組保安團和保甲組織、地方自治、厲行新生活運動和「協剿」活動。一九三四年十月紅軍長征後，當局繼續進行「清剿」紅軍游擊隊，但「善後」與建設成為當時的主題。江西在省政府主席熊式輝的主持下，收拾殘破，力行革新，大吹建設之風，推行國民經濟建設運動，取得了一些讓世人矚目的成績，為此後到來的抗日戰爭，奠定了一定的基礎。

抗日戰爭時期，江西既是前線，又是後方，是我國東南地區抗戰的重要省區。全面抗戰爆發初期，當局比較注重抗戰動員，北方和東南沿海大量知識名流和流亡學生進入江西，給江西帶來勃勃生氣，全省抗日救亡運動風起雲湧，聲震東南。新四軍軍部在南昌建立，編入新四軍的南方紅軍游擊隊將士由此走上抗日前線。第三戰區在贛東，第九戰區在贛中、贛西北，分別與入侵的日軍形成對峙，江西處在東南戰場對日作戰的前線，日本侵略軍根據中國軍隊仍擁有相當大的兵力，主力軍部署在湖南、江西及貴州省方面，「其中江西、湖南兩省是抗戰的屏障」的判斷，連續發起對湘贛的作戰，企圖打開進入西南的通道，打破中國長期抗戰的戰略。由此，江西作為中國抗戰的前線和後方的特點凸現。中國軍隊在江西境內，先後進行了武漢會戰中的贛北作戰、南昌會戰、浙贛會戰、上高會戰等正面戰場的大規模抗日戰役，特別是贛北作戰和上高會戰均曾給入侵日軍以沉重打擊，中國軍

隊為堅守住抗戰初期形成的戰線，阻止日軍的繼續前進，作出了巨大的努力和犧牲。

戰時江西曾三遷省會。一九三九年三月，日本侵略軍發起進攻南昌戰役，江西省黨政機關從南昌遷移到吉安。同年底，再遷泰和縣，泰和在較長一段時間內成為江西抗戰時期的臨時省會，行使戰時後方的政治、經濟和文化中心職能。一九四五年二月，因日軍進攻贛西，省政府又由泰和遷往寧都，省黨部移至瑞金，一直到抗戰勝利後遷回南昌。戰時行政黨務，按照省一級「黨政聯繫」、縣一級「黨政融化」的原則，調整和確立了省黨政關係，注重「發揮以黨透政、以黨透民之精神」，增進黨政聯繫，掌握民眾團體，著力在農民、婦女和技術人員中發展黨員，開展國民精神動員、抗戰建國動員、經濟建設和增加生產、徵實與徵購糧食、擴大徵兵、青年從軍、慰勞抗戰官兵、防空防諜鋤偽等活動。當局同時加大力量進行防制和反對共產黨活動，一九四一年底，破壞了中共江西省委機構及其三個特委組織，泰和「馬家洲集中營」和第三戰區「上饒集中營」，為江西境內關押共產黨人和進步人士的重要監獄。戰時江西經濟和文化教育在特殊環境和條件下，出現一個很不平常的勃興之態。江西人民在極端艱苦的條件下，忍受巨大的痛苦和犧牲，堅忍不拔，同仇敵愾，節衣縮食，獻糧出兵，以大量的兵役和糧食支持軍需民食，並以不少工業品支援西南大後方，為抗戰的勝利作出了重要的貢獻。與此同時，以南昌、九江為中心的贛北十四縣市，被日軍占領，日軍在九江建立了偽省政權，對這一地區實行殖民統治。全省六十多縣先後遭到日軍的侵擾，日軍在江西境內犯下燒殺搶淫等纍纍罪

行，使江西人民的生命財產和社會經濟造成嚴重的損失。一九四五年九月，第九戰區在南昌、九江接受日軍的投降，為長期抗戰的勝利畫上了完滿的句號。抗日戰爭的勝利，是近代以來中華民族進行的民族解放戰爭取得的第一次偉大的勝利，是包括江西人民在內的中國人民不畏強暴、抵抗外敵、追求自由、獨立和光明的偉大精神的生動體現。

抗日戰爭勝利後，中國歷史進入一個重要的轉折時期。國共兩黨在中國向何處去這一關係國家前途和命運的重大問題上，發生尖銳的分歧，兩黨的談判和鬥爭，成為決定戰後政局變化和歷史進程的根本因素。在這一政治格局中，江西處於後方腹地，屬國民黨統治的基本地區。面對戰後社會的百孔千瘡和農工百業的凋敝，江西全省的善後救濟和恢復建設有所動作。國共兩黨和談失敗、國民黨發動全面內戰後，江西省於一九四七年九月宣告進入「動員戡亂」時期。所謂「動員戡亂」，就是全社會進入戰時體制，集中人力、物力進行與中共的戰爭。九月二日，江西發佈《為防匪戡亂告江西全省人士書》，不久，連頒十項法令，成立「江西省剿匪會報」和「戡亂建國動員委員會」，由省政府主席、省黨部主委等政、黨、駐軍、保安、警察、民意機關主要人物組成，作為「動員戡亂」的領導機構，江西政局轉入戰時體制。全省黨政的工作重心，由此全部轉向支援和應對「動員戡亂」，持續進行反共偵訊，組訓「民眾自衛隊」，編組保甲戶口，修建城垣碉堡，管制交通工具，鎮壓學生的愛國運動，以及黨團合併。由於全社會無一例外地被納入「動員戡亂」的戰爭體制，全省行政圍繞這一中心運轉，嚴重影響了地方建設的開展和經濟社會的

復興。一九四九年一月，省政府主席方天兼任省黨部主委，是繼熊式輝之後獨攬黨政大權的第二人。方天意圖有所作為，但已不可能如願，佈置「應變工作」，建立「潛伏」的地下組織，遂為其關注所在。在人民解放軍突破長江天塹進軍江西時，國民黨桂系軍隊節節敗退，方天也率黨政機構相繼由南昌退逃吉安、贛州、廣東和台灣，國民黨在江西的統治，隨著一九四九年五月省會南昌的解放而告結束。

三

如實全面地反映民國江西的複雜歷史，記載政黨、團體和各類人物的思想和活動，反映歷史的波瀾與透迤，以便有助於文化的積累和建設，有助於人們瞭解整體的、客觀的歷史原貌，總結經驗，知往鑒來，是撰寫本書的主要目的。

無論是作為革命黨還是執政黨，國民黨在江西的活動，都是本卷的主要研究對象。因此，如何認識與評價主持江西省政的統治當局，便成為需要重點討論的問題。國民黨的江西組織，是在江西出現的第一個近代政黨。在其從建立、發展到潰敗的興替過程中，它的性質、地位幾經轉換，實際表現起伏不一。在反對清朝和北洋軍閥封建統治的鬥爭中，它是一個革命的政黨，特別是一九二四年實現國共合作後，它具有更加廣泛的人民性，富有生氣，流血犧牲，前仆後繼，為在江西結束清朝和北洋軍閥的反動統治，作出了重大的貢獻。

國民黨成為獨掌全國政權的執政黨後，江西的國民黨與政權組織，在性質和地位上同樣發生了根本的變化。其黨務政務活

動，也是在執政和國內戰爭、民族戰爭中展開的。黨的性質、執政地位和戰爭環境，給當政的國民黨以嚴峻的考驗，也在很大程度上規定和制約著其活動的內容和結果。因此，一方面，執掌省政二十三年間，江西在形式上，建立了現代政治在省一級區域內運行的黨政框架和法律規制，組成了由省市到鄉村的省、專署、縣、區、鄉、保甲六級縱向組織網絡，以及覆蓋省縣政治、經濟、文化、保安、警察各機構以及各社會團體的橫向組織網絡，在江西歷史上，第一次在全省範圍內，將社會生活和民眾納入有著較嚴密組織的黨政一體軌制內，國家權力深入基層社會和偏遠鄉村，引起了社會結構和社會秩序的重大變化，也給社會和民眾灌輸了一些現代政治意識，並主導了民國時期江西經濟社會的發展走向。

另一方面，江西國民黨的黨務政務活動，受到黨政組織自身條件與客觀環境的制約，而優劣並存、優不敵劣，集中的表現是制度形態與實際形態不一致：宣言代表人民利益而人民利益不保，號召剷除腐惡而腐惡日增，強調組織力量而派別紛爭不斷，活動頻繁不絕而實效不佳，條規龐雜細密而多徒具空文。從抗戰中期開始出現日益加劇的腐敗，而迅速地走向崩潰，是有其深刻原因的。

關於民國時期的江西人，也是需要特別探討的重要問題。民國時期，如蔣介石、張繼、陳立夫、居正、陳佈雷等不少名人，都對江西的民性民風做過闡述，其中又以陳佈雷的分析最具客觀性和代表性。陳佈雷一九三四年五月在南昌的一次講演中說，他自幼對江西便有深切的印象，認為江西人之誠樸勤勞、節儉刻

苦，是超過江浙幾省不知多少倍，江西人普遍待人以誠，對人懇摯有熱情，在禮貌與禮節上均異常周到，不過性情上質勝於文，古板一些，也可以說「勤苦有餘而發育不足，質樸有餘而進取不足，守分有餘而自強不足，禮讓有餘而微少勇氣，誠篤有餘而欠缺蓬勃慷慨的熱情」。此外，其他人也有江西人文弱，尚文不尚武，人不知兵，不如湖南人強悍等議論。類似分析，因為均有一個鼓動江西人民起而協力「圍剿」紅軍的前提，所以也難說不帶有片面性，例如與毛澤東等人對江西革命根據地人民革命性和創造性等的分析，便大有不同。不過，作為一種流傳甚廣的社會性評價，多少也反映了民國時期江西民性民風的一些真實，是研究民國史時不能太過忽略的問題——儘管限於篇幅和體例，本卷書稿不能展開對這一問題的論述。人是歷史活動的主體，從根本上決定著歷史發展的整體面貌和發展程度。

在江西民國史上，與民性民風同樣值得重視的，依然是眾多傑出人物的湧現。波激浪湧的反帝反封建的時代大潮，源遠流長的優秀人文傳統，美麗富饒的青山綠水，造就了一大批蜚聲中外、留名青史的優秀才俊。民國時期江西籍著名的革命家、政治家、思想家、軍事家，經濟和文化名人、學者，層出不窮，再次重現江西歷史上物華天寶、人傑地靈的人文景觀。其中，有在贛率先傳播新思想、組建國共兩黨組織的革命先驅趙醒儂、袁玉冰，有在創建革命根據地和開展土地革命鬥爭中叱吒風雲的方志敏、陳正人、曾山、黃道、邵式平，以及張世熙、沈劍華、張國庶、李文林、何克全、吳先民、周建屏、萬永誠、劉英、汪金祥、林瑞笙、鐘世斌、鐘循仁、劉啟耀、胡海、古柏、高自立、

鄧振詢、賴昌作、李才蓮等一大批省級以上黨政領導幹部和紅軍將領（在新中國建國初期授銜的人民軍隊將領中，江西籍將軍有3位上將、37位中將和196位少將）；有奮然首舉反袁二次革命義旗的民主革命家李烈鈞，有被魯迅稱為「真的猛士」、「為了中國而死」的反帝愛國學生運動領袖劉和珍，有不畏日軍強暴、堅持民族氣節而壯烈殉國的民族英雄蔡公時、姚名達，有在遠東國際軍事法庭堅持伸張人類和國際正義的大法官梅汝璈，有富有民主進步思想的著名愛國人士鄒韜奮、楊杏佛、許德珩、王造時、羅隆基、彭文應、李世璋，有傑出的科學家、教育家、政治學家、史學家、農學家、翻譯家、文學藝術家、佛學家、新聞記者陳三立、吳有訓、胡先驌、程孝剛、陳寅恪、蕭公權、饒毓泰、蕭純錦、游國恩、夏敬觀、楊惟義、黃家駟、盛彤笙、王禮錫、熊佛西、傅抱石、程懋筠、歐陽漸、黃遠生等等。一批早年富有理想，積極投身五四運動和國民革命的人士，如段錫朋、程天放、劉峙、桂永清、熊式輝、曹浩森、魏道明等，而後成為國民黨高級軍政要員。當然，在時代前進的洪流中，在歷史轉變的重大關頭，也出現了一些落伍者，「辮帥」張勳悍然擁清復辟帝制，江亢虎由中國社會黨黨魁而至大漢奸，張國燾早先積極參與創建中國共產黨和領導土地革命鬥爭，而後竟然叛變中共投向國民黨。

民國江西的歷史，進步與倒退同存，幾種社會形態交替或重疊，時賢先進發生著分化，建設新江西的路途曲折多難，因而呈現出前所未有的歷史複雜性。無疑，對於所有認真的讀者來說，自不難從這綿綿複雜性中讀出歷史的理路和道理來。

目錄

第三章 | 北伐進軍江西與國民黨政權的建立

第四章 | 土地革命與紅色政權的興起

第一章——
北洋江西政權的
建立與演變

　　一九一二年一月一日，孫中山在南京就任臨時大總統，定國號為「中華民國」，組成南京臨時政府，宣告中華民國成立。[1]中華民國的成立，在中華大地上結束了二千多年的封建帝制和清朝二百六十多年的統治，開創了現代社會發展的歷史新階段。

　　南京臨時政府成立之時，北方各省尚在清廷及其重臣袁世凱的控制之下。經過隨即完成的南北議和和清廷退位，孫中山讓出臨時大總統職位，袁世凱取得這一職位並於一九一二年三月就職，全國實現表面上的統一，臨時政府由南京移遷北京。中華民國由臨時政府時期進入了北洋軍閥政府統治的時期。

　　民國成立後，江西政權最初為革命黨人所掌握。一九一三年秋「二次革命」失敗，北洋軍閥入主江西，開始了對江西長達十四年的統治。在這一長時期，江西被捲入激烈的社會大轉型潮流：一方面，北洋軍閥的暴戾恣肆和多年戰亂，給江西人民帶來深重的災難；另一方面，因為時代的變化，全省政治、經濟和文化形態也日益發生著深刻的變化，出現了許多以往所不曾有的新鮮事物。江西曾長期處於南北戰爭的前線，境內多次發生過局部戰爭和客軍過境，時局動盪在不少年份成為基本特徵。新的政治學說、思想觀念、政黨組織和文化運動，通過上海、北京和廣

1　孫中山在就職宣言中指出，中華民國政府的任務為盡掃專制之流毒，確定共和，對內謀民族、領土、軍政、內治、財政的統一，對外持平和睦誼而求中國見重於國際社會。1 月 2 日，孫中山通電各省改用陽曆，以 1 月 1 日（黃帝紀元四千六百零九年，即陰曆辛亥年 11 月 13 日）作為中華民國建元的開始。3 日，在南京成立了中華民國臨時政府。

東，相繼傳入江西並在社會尤其是青年中引起巨大反響。軍閥始終主導著全省政權，但在民國和民主的大背景下，行政體制也有較大的改變和創新；中國國民黨和中國共產黨均在江西建立了自己的組織，並引導國民革命和工農運動蓬勃發展。農業優勢的主體地位仍然保持，但新型的資本主義經濟乘勢而興，出現一個創辦實業的小高潮。近代教育體制逐漸建立，中小學教育和留學教育出現新的氣象。所有這一切，構成這一時期社會變動和社會轉型的基本內容和重要特點。

第一節 ▶ 李烈鈞督贛與湖口起義

一 辛亥革命後的江西形勢

辛亥革命在武昌爆發後，江西是全國第三個（晚湖南、陝西一天）首先起而響應的省區。一九一一年十月二十三日，由同盟會會員掌握的駐九江新軍第五十四標奮起響應武昌起義，擁標統（相當於團長）馬毓寶為九江軍政府都督，宣佈獨立。三十一日，同盟會員蔡公時、蔡森等發動南昌新軍起義成功，建立了江西軍政府。江西獨立，壯大了革命的聲威，對長江下游產生了重要的影響，有論者稱：江西既定，「由是而蘇而浙而皖，革命之聲勢驟盛，兩月之間披靡全國，真亘古所未有也」[2]。隨即，孫

2　《整理本省文獻，省通志館成立》，《江西民國日報》1941 年 6 月 10 日

中山在南京就任臨時大總統，宣告中華民國誕生。

江西對辛亥革命的磅礴推進富有重大貢獻，但由於革命發生得相當突然，人們自身卻顯得準備不足，特別是江西的起義者們缺乏自己的領袖，革命後的時局也就頗有些混亂。

江西光復後的第一任都督是吳介璋。吳介璋是駐南昌的新軍第二十七協協統（相當於旅長），他的上台很有戲劇性，是在起義者們勸說原清朝巡撫馮汝騤出任都督而馮不答應的情況下[3]，被推舉為江西軍政府都督的。吳介璋與同盟會素無聯繫，對革命並無認識，也沒有執掌省政的社會基礎和政策主張。因此，他上台後，以軍政府名義向全省發佈的通令，要求「各道府廳州縣所屬各官，仍著照舊視事。……所有民事、刑事暨習藝所、監獄、學堂，一切地方行政，均著照常辦理」[4]。他一切「照舊」地維持著過去的地方官員、行政制度和社會秩序。同時，對馮汝騤等清朝江西高官均予優待，禮送他們回籍。

軍界內部部分與吳介璋有隙的人很快製造了倒吳的行動。在

---

3 在 1911 年 10 月 31 日江西同盟會支部召集的各界人士會議上，馮汝騤拒絕接受與會者讓其出任都督的勸說，稱「本人以末秩，受清朝厚恩，准任封耻重寄，既不欲違背朝流以糜爛地方，尤不能受各界推誠為國之叛臣，即請諮議局代表人民公賣，另推都督，以維持冶安」（《南昌市志》，方志出版社 1997 年版，第 5 冊，第 302 頁）。隨後，他交出印信，在南昌、九江均受到優待，不幾日在九江自殺以殉清廷。

4 郭孝成：《中國革命紀事本末》，第二編，第 21 頁，轉引自胡繩《從鴉片戰爭到五四運動》，上海人民出版社 1982 年版，下冊，第 1064 頁。

他就任的第十二天，即十一月十二日，這些人假稱孫中山、黃興已經委任彭程萬攝理江西都督，逕入軍政府宣讀彭程萬授命書。吳介璋不明所以，於是以患病為由辭職。豈料彭程萬對都督一職竟力辭不就，經眾人以大局力勸，才勉允暫代。這樣，彭程萬便成為辛亥革命後江西的第二任都督。[5]

彭程萬原為江西陸軍測繪學堂教官，參與謀劃了光復南昌的起義，屬革命有功之人。他接任後，做了幾件較有影響的事情：一是派出三千多人的軍隊前往武漢，一千多人的軍隊前往南京，援助受到北洋軍隊圍攻的湖北軍政府（都督黎元洪）和江蘇軍政府；二是下令收復接管了萍鄉煤礦和南潯鐵路；對鼎革後留居境內的滿清旗人，也作了妥善處置。但他仍然缺乏當時複雜環境下掌政的必要條件，形勢的紛亂更增加了他的畏難與退避之心。史載因「軍政兩部，頭緒紛繁」，「軍餉籌備，各屬要求，各種困難，不堪言狀」，彭程萬於十一月二十一日提出辭職[6]。經省軍政兩部祕密會議商議，推舉九江軍政分府都督馬毓寶繼任並派人赴潯商洽，在馬到任前仍由彭暫代。十二月八日晚，馬毓寶在省軍政府派出的吳宗慈、賀贊元、夏之麒、郁觀瀾等四人迎接下到達南昌，次日接篆視事。馬於是成為革命後江西的第三任都督。彭程萬在任也僅二十六天。

5　參見陳榮華、陳文華主編《江西通史》，江西人民出版社 1999 年版，第 734 頁；李寅生撰《彭程萬》，江西省省志編輯室編《江西近現代人物傳稿》，第一輯，海南人民出版社 1989 年版，第 93-94 頁。

6　《贛軍又議換都督》，《申報》1911 年 11 月 28 日。

　　人們對馬毓寶寄予較大的期望，並以購買軍政府為解決巨額軍費發行的省內公債以示支持。馬上任後，也立即改組都督府，聘請吳介璋、彭程萬、夏之麒為高等顧問，以賀贊元、鄒樹聲、楊綸、羅家衡、蔡公時、邱冠芳、胡繹分別出任民政、財政、政事、外交、交通、內政、司法各部部長，吳照軒、劉麒、方先亮、王祿之分任警察、參謀、軍備、總務各廳廳長。同時，一面下令解散一切會黨，以維持社會秩序（江西洪江會等會黨曾積極參加革命，但革命後無法約束，多有勒索、滋事等不軌行為）；一面排除反對，於一九一二年一月成立省臨時議會，作為取代前清諮議局的全省民意與議政機關，並由臨時議會很快通過了《江西省臨時約法》。馬毓寶的一些措施，被看成「江西新猷種種」，被《申報》等報導[7]。

　　馬毓寶雖有威望，但其「行政不滿人意」。九江的革命黨人乃最先揭露馬毓寶短處並發動倒馬。先是，擔任九江衛戍司令部長官的朱漢濤因驕奢淫逸，為非作歹，一九一二年三月四日被九江革命黨人捕殺。朱是馬的親信、紅幫的首領，朱的被殺，使馬失去了倚靠的力量。三月七日，九江革命黨人陳廷訓、戈克安、余鶴松、劉世均、蔡銳霆及軍紳學商各界聯名致電南昌各界，指責馬毓寶「事多徇私，懶於問政，而且身體孱弱，煙癮甚巨」，全省「搶案層見疊出，贛人實不堪命」，因此決議請其自行退

7　如 1912 年 1 月 2 日、12 日的《申報》，曾以《江西新猷種種》、《江西新事物紀》為題進行報導。

位，推舉李烈鈞繼任，並要求南昌準備如何歡迎。[8]同時，還放風將暗殺馬毓寶。馬不堪壓力，當晚致電孫中山要求辭職。孫中山立即電示江西省臨時議會，要求正式選舉都督並報核委。

三月八日，馬毓寶在南昌召開各界首領及各部廳長會議，宣佈因病辭職，表示仍可為一軍界長官。與此同時，省臨時議會開會選舉新督，除議長因在馬毓寶處參加會議外，到會九十四名議員一致選舉李烈鈞為繼任都督。但南昌的「兵士及商界，仍有多數挽留毓寶」[9]，表示出不同意見。陳廷訓等人於是在南昌召開各界全體會議，進行疏通，最終達成一致，並電告孫中山、袁世凱兩大總統及陸軍部長黃興、副總統黎元洪。隨後，孫中山頒發「任李烈鈞為江西都督」令，電復江西省議會。

李烈鈞（1882-1946 年），字協和，江西武寧人。畢業於江西武備學堂、日本陸軍士官學校。在日本結識孫中山，加入同盟會。一九○九年回國後在江西、雲南陸軍中任職，宣傳革命。辛亥革命時由北京南下響應，到九江被都督馬毓寶任用為總參謀長。一九一一年十一月率兵援皖，光復安慶，被推舉為安徽都督。又應黎元洪急電，辭去皖督應援武昌，任五省聯軍總司令、中央軍（後稱第二軍）總司令官，抵禦北洋軍馮國璋部對武漢的

8　《贛省更舉都督情形》，《申報》1912 年 3 月 14 日。

9　《馬毓寶致鄂督黎元洪電》（1912 年 3 月 11 日），朱匯森主編《中華民國史事紀要》，台北中華民國史料研究中心 1971 年版，1912 年 3 月 8 日。該《紀要》是一套長篇大事記體史料集，以年份編排，每年分成 1-4 冊不等，從 1971 年起陸續出版。為便於查找，本書所引均直接注年月日。

進攻。被推舉為江西都督後，他乘鄂督黎元洪派出的楚豫艦，由武漢經九江，於三月十七日駛至南昌，受到南昌各界的歡迎。馬毓寶在李到達九江時，也致電歡迎，並由督署搬到舊藩署。李繼吳介璋、彭程萬、馬毓寶之後，成為江西的第四任都督。

江西在辛亥革命後不到五個月的時間內，四換都督，有著複雜的政治、經濟和社會原因。除了辛亥革命後社會尚未穩定，南北鬥爭激烈及其後總統權力由孫中山向袁世凱轉移的大背景外，就江西而言，革命黨人自身思想準備不足、缺乏強有力的領袖人物，而又「黨見分立」[10]；全省政團、軍隊、會黨等各種勢力並存互爭，政治與社會秩序比較混亂；軍隊眾多，軍費需求浩大，而財政經濟實力不強，難以支撐，等等，是最為主要的原因。李烈鈞在其《就職宣言》中說，江西「內訌屢起，群盜滿山，姦淫搶劫，層見疊出，是名稱實〔雖〕曰維新，腐敗依然如故，假改革之面具，致善因而反結惡果」，民眾「出水火而未登衽席，上而黨派分歧，合爭意見，下而社會混亂，全無秩序」[11]，大體反映了當時全省的形勢。前面三任都督都未能解決好這些問題，李烈鈞所面臨的，自然是並不輕鬆的重任。

10　《贛省更舉都督情形》，《中報》1912 年 3 月 14 日。

11　《就職宣言》（1912 年 3 月 19 日），徐輝琪編《李烈鈞文集》，江西人民出版社 1988 年版，第 5-6 頁。

二 李烈鈞督贛

李烈鈞是帶著軍隊到南昌就任的。史料記載，他帶著廖伯琅部憲兵二百四十名，歐陽武部八百人，劉世均部五百人和衛隊四百人，乘坐大小船隻六十餘艘，十七日浩浩蕩蕩來昌；十九日在省臨時議會舉行就職典禮，典禮程序多達十二項。[12]這一切，顯然有造勢的因素，但也表露了他施政的決心與基礎。

· 李烈鈞（《中國歷史圖説（十二）現代》）

李烈鈞發表了《就職誓詞》和《就職宣言》。首先，他表示受全省八十三縣父老付託，以贛人治贛事，誓將「奮勵壯志，蕩滌舊染，無敢黷法，無敢作惡，無敢拂輿論以逞私見，無敢任非人以害群治」[13]。明示其身任公僕，「份當擁護地方利益，增進人民幸福」，鍥而不捨，期必有成。其次，他揭示其治贛方針、目標和主要事務：

> ⋯⋯夫障礙共和，即天下公敵；保衛治安，乃吾人重任。況

12　《贛都督履新記》，《申報》1912 年 3 月 24 日。
13　《就職誓詞》，1912 年 3 月 19 日。

維桑與梓，更有密切關係者乎？遵古人疾病扶持之訓，宜相友相助；據近世改良進步之說，當再接再厲。今日唯一之目的，為地方計安全，為人民謀樂利，必使章貢流域，市肆不驚，四民樂業，無一夫不得其所，俾最初之希望圓滿達到，而後可以告無罪於故鄉，釋負擔之義務。烈鈞不敏，不敢不勉。立法務嚴，防患務密。人無問新舊，惟求其是；地無分畛域，惟視其材。恆慮偶一不慎，為父老羞，慄慄危懼，無不討軍實而申儆之令，恪守紀律，秋毫無犯，不敢一草一木，稍滋擾累。即有無業遊民乘機搶掠，亦慎防於先，嚴懲於後，必不使受意外之恐慌，有絲毫之損失。

破壞已竟，從事建設。群策群力，同舟共濟。用人與眾共之，刑人與眾棄之。推心置腹，實事求是。萃大多數之心思，謀一般人之福利。〔庶幾〕大好湖山，遍地開自由之花；國民分子，盡人食革新之果。其各安堵，慎毋自擾。**14**

這一宣言，表明了李烈鈞在行政、用人和治事上的全面主張，體現了民主主義精神，是近代江西歷史上第一個反映時代潮流和民主訴求的治省政綱。但是，它的一些詞句，也顯得過於理想，而易流於空言。

其後，李烈鈞以雷霆之勢廓清內政。首先，「對軍政兩界人

14　《李烈鈞文集》，第5-6頁。

員大加淘汰」[15]，整頓和建立省軍政機構。他任命歐陽武為護衛軍司令官，廖伯琅為全省憲兵總司令官，蔡銳霆為都督府中軍官，劉世均為軍務部長，牢牢地掌控了全省的軍隊，並形成以他們為主、全部是革命黨人的都督府領導核心。在此基礎上，對前軍政人員大加淘汰，將原軍政府各部改為司，選定內政司長鐘震川，財政司長魏期靈，司法司長王侃，交通司長胡澤（後換曾貞），教育司長宋育德，軍政司長俞應麓，審計處長高巨瑗，參謀處長何文斌，警察總監吳照軒，高等審判廳長漆瓊，高等檢察廳長潘學海，兩淮鹽運使黃緝熙，總務廳長王良箴，高等顧問官陳戎生、陳德生。[16]同時，作出禮送前都督馬毓寶的行動：馬退居藩署後，並無離開江西之念，李烈鈞顯然認為這對其治政不利，但他曾任馬的總參謀長，也不好明令驅趕。於是，他請省議會為馬敘功，並共同署名贈送賻儀十萬元，又令「滿街結綵，全城鳴炮」，集合市民歡送。馬得知李之舉動，也就只好離昌。李烈鈞巧妙地消除了一個後顧之憂。

在行政體制上，省一級以都督掌全省軍政大權。一九一二年

15　《李都督之新猷》，《申報》1912 年 3 月 26 日。

16　《李烈鈞自傳》，載《李烈鈞文集》，第 799-800 頁。另據北京《政府公報》第 236 號（1912 年 12 月 23 日）所附《贛省各司廳處局名稱一覽表、各縣名稱一覽表》，所設司、廳、處、局為：軍務司、內務司、財政司、司法司、教育司、實業司、交涉司、交通司、參謀處、審計廳、警視廳、軍事執法處、軍械局、糧餉局、衛戍病院、九江通商交涉局、督銷淮鹽局。與此略有不同，但當時設置也多變動，如這裡說的軍械局，糧餉局，衛戍病院隨後即被併入軍務司。

底增設民政長（即後來的省長），江西先後由中央任命汪瑞闓、趙從蕃為民政長，但均因受到抵制而未能赴任視事。此外，尚有臨時省議會，議長劉景烈。一九一二年六月解散臨時省議會後，同年底由全省選舉產生了江西省的國會議員和省議員，次年二月正式成立了由一百四十人組成的江西省議會，議長任壽祺。省議會為立法機關，承擔議事、質詢和制定地方法律法令等事務，具有立法和監督省政之權。省以下，則將前清所設道、府一級機構全部裁撤，廳、州等名稱一律改為縣，縣級行政長官通稱知事，形成省、縣兩級行政架構。[17]全省設八十一個縣，各縣知事的擇任，由內務司選擇，每職列三人備選，擇優試用，稱職者實授。縣政機構設立民事、財政、學務、實業、警務、司法六課，前四課課長由縣知事擇用，後二課課長由省內務司、司法司分別擇任，均呈省核准。[18]

其次，裁減冗兵，整編軍隊。江西在清末時，僅駐有一個混成協（相當於旅）和一個標（相當於團）的軍隊。但辛亥革命後大量募兵，全省兵員竟可編足四個鎮（相當於師），多達十七標、數萬人。兵員眾多，紀律渙散，不但時生擾民之患，而且軍費過巨，「餉項竭蹶，實難籌劃」[19]，全省財政根本無力承擔。為此，李烈鈞多次致電袁世凱等，提出江西軍隊「非亟裁併，難

17 北京《政府公報》，1912 年 12 月 23 日，第 236 號。
18 《呈袁世凱文》（1912 年 12 月），《李烈鈞文集》第 121 頁。
19 《南昌軍事記》，《申報》1912 年 3 月 28 日。

資整頓」，要通過裁減冗兵，達到「編練勁旅」和「撙節經費」兩個目的，並從四月起，分兩期在贛實行。在一九一二年春夏的短短幾個月中，李烈鈞以多種方式裁併軍隊，到九月底，全省共計遣散省防軍三十六個營，裁減新軍八個標以上，其餘部隊整編為四個旅[20]。大量裁減冗兵和整編軍隊，最明顯的效果是減輕了江西的財政負擔，而裁兵尤其是辛亥革命後組建的軍隊，也符合袁世凱裁減北洋軍以外軍隊的意圖，因此江西的裁兵得到民眾和中樞兩個方面的支持，進展大體順利（期間也發生過小規模反抗）。其後，李烈鈞發佈《徵兵令》（1912年11月22日），建立挑選壯丁、服役三年、出則入伍、退則歸田的現代徵兵制度，以期提高軍隊質量。江西軍隊，也隨之統編為兩個師，分別以歐陽武、劉世均為師長。

取締會黨，清肅匪患，整頓社會秩序也是李烈鈞治政的重點。清末江西會黨眾多，在反清鬥爭中，會黨曾經是一支重要的力量。革命後宣稱取締會黨，將各地會黨改編為民團。但在民團這一新形式的組織中，會黨更形發展，且有的以民團兼理詞訟，勒捐罰款，乃至聚眾滋事，進攻縣城，形成被當政者視為欺凌百姓、擾害地方的「匪患」[21]。因此，李烈鈞認為「欲治贛，必先清匪」，遂定下「殲厥渠魁，協從罔治」的方針，以猛力進行整

20　《李烈鈞復陸軍部電》（1912年9月30日），《李烈鈞文集》第90頁。
21　分見《江西玉山兵變》，《東方雜誌》第8卷第12號；《南昌軍事記》，《申報》1912年3月28日；《令警視廳》（1912年9月），《李烈鈞文集》第91頁。

治。他下令解散民團、取締「同盟改進黨」等會黨組織，派副官長張於濤到湖北捕拿「匪首龍正文、陳細鬼」並押回南昌槍斃，「嚴查緝獲」並槍斃洪會魁首及進攻永新縣城和為害萍鄉等的匪首，迅速地平定了匪患，穩定了社會。這成為李烈鈞自己最為滿意的事，自認為這是他「到贛所辦第一大事也」。但會黨是否都是土匪以及是否要以嚴厲鎮壓來對待昔日的革命同盟者，李烈鈞顯然也缺乏必要的區分和分析。

在經濟和教育等方面，李烈鈞也頗有建樹。經濟上，他下力氣整理財政，在地方紳商周馥九、危子遠等支持下，開辦了江西民國銀行；整理鹽稅，爭取擴大留贛比例，清理江西承擔的國家對外賠款，維護地方利益；恢復萍鄉煤礦生產，借款恢復修建南潯鐵路，修築南昌、新建河堤，等等。這些措施，對緩解當時的財政困難和發展民生事業，產生了積極的作用。教育上，他採取籌款辦學的辦法，用在江西募集公債的相當一部分，以及自治附加捐的七成，支持中學尤其是小學教育；以「造就人才，儲為國用」的遠大眼光，寬籌經費，先後選派一百多名優秀青年分赴歐洲、美國和日本留學，被稱為「一時盛事」。在社會政策上，他嚴令取締娼妓，並曾提出將裁減的士兵轉入務工務農的辦法。

李烈鈞以同盟會[22]江西支部長的身分擔任都督，江西軍政大

---

22 李烈鈞之前為同盟會江西支部長者，有鐘袁川、賀國昌。1912 年 8 月同盟會與統一共和黨等 4 黨合併改組為國民黨時，李烈鈞以江西支部長名義，與會員徐秀鈞、歐陽武，劉世均、劉家驥署名，於 8 月 20 日致電同盟會本部，稱「在贛支部開大會研究，咸表贊成」。

權實質上由同盟會（國民黨）掌握，是以孫中山為首的南方革命黨人陣營的核心地區之一，因此在政見上與總統袁世凱並不相同。李烈鈞是如何處理與中央政府的關係而又堅持民主共和的政治主張呢？

一九一二年十月以前，大體上說，李烈鈞雖然也有違忤袁世凱的舉動，但兩人關係表面上尚可。袁世凱意圖籠絡或麻痺他，先是在七月間重新任命他為江西都督，繼又稱讚其「光復有功」，督贛以來「整頓地方，維持秩序，尤著勳勞」，說自己早在天津時對李「即以遠大相期」，現觀其治，更是「益為欣慰」，兩人要同持舟楫，共與有功。[23]

從十月起，因相繼發生的邀請孫中山訪贛、抵制民政長和陸軍部扣押槍械等幾件事，使「中央與贛隔閡」逐漸表面化，雙方的矛盾和鬥爭日益顯露，並引起全國關注。

邀請國民黨總理孫中山遊歷江西。孫中山格於當時形勢，已於一九一二年四月一日交卸大總統職務，專任督辦全國鐵路建設事務。經李烈鈞邀請，一九一二年十月二十四日晚，孫中山經九江抵達南昌。李以南昌百花洲陳列館為孫中山行轅，派林虎率軍隊擔任警衛。二十五日，孫中山出席南昌軍政學聯合會舉行的盛大歡迎會，並發表《造成共和因果及國民應盡之責任》的演講，強調「全世界文明進化，尚在競爭時代，而非大同時代。處

23　《袁世凱復李烈鈞函》（1912 年 12 月），《李烈鈞文集》第 106-107頁。

此競爭劇烈之際，人人須以愛國保種為前提」[24]。此後，孫中山連日接見各界代表，出席兩廣會館的歡迎會並觀戲，與李烈鈞討論要政，發表談話論述修鐵路、借款、中央集權與地方分權、江西市政等四個問題。關於江西市政建設問題，他提出，現有街市不必再改，唯須擇一最大之地段另闢新埠，將衙署、公所及學校、營房遷入其中，其辦法為從公家向人民公平購買土地和發展交通入手，「將來此策如行，則另建一偉大之新江西，不須多日。而江西能從此擴大，則南昌、九江、吉安、饒州、贛州等地，皆可能為今日之上海矣」。二十八日，李烈鈞請孫中山閱兵，「總理按轡徐行，觀者萬人空巷」，孫中山在軍樂聲中檢閱各軍，並與張繼、馬君武、王正廷等三位主要隨員相繼演說，「軍民歡聲雷動」[25]。論者認為，這一閱兵，在當時是絕無僅有的，十分令人注目[26]。二十九日，孫中山由南昌抵達九江，在各界歡迎會上演說鐵路政策問題，隨後赴上海。孫中山的江西之行，原本出自李烈鈞為國民黨人製造聲勢、營建大本營的考慮，又受到江西民眾的熱烈歡迎，南昌還出現了「歡呼萬歲」的場面，先孫中山幾天到昌的張繼在演說中，還公開談論了國民黨與袁世凱之間的不同政見[27]，因而深為袁世凱所忌恨。李烈鈞說，

24　廣東省社科所歷史室等編《孫中山年譜》，中華書局 1980 年版，第 154-155 頁。

25　《李烈鈞自傳》，載《李烈鈞文集》第 802 頁。

26　李新、李宗一主編《中華民國史》，第二編第一卷（上），中華書局版，第 131 頁。

27　詳見《中華民國史事紀要》，1912 年 10 月 1 日，附錄：張溥泉之政

袁世凱也曾因其歡迎孫中山蒞贛而派人拉攏他，遭拒後，「疑忌頗甚，欲去余尤急」[28]。

江西抵制中央任命的民政長事件和陸軍部扣押江西所購槍枝事件。一九一二年四月，袁世凱授意黎元洪首先提議「軍民分治」、設立民政長，以分都督之權。十二月十六日，袁發佈大總統令，任命汪瑞闓為江西民政長。[29]袁此舉是其加強中央集權的舉措之一，暗含削弱南方各省由國民黨人擔任的都督權力的深意，但又披上了民主共和的外衣，因而處於十分主動的地位。國民黨不能反對設民政長，但主張民政長應由民選產生，而不是袁世凱任命。李烈鈞更是國民黨都督中最先通電反對北京中央集權的人。因此，汪瑞闓來江西上任時，受到江西民眾的堅決抵制，遂於十二月三十一日託病去上海，不久上書袁世凱，指責江西目無法紀，藐視中央，李烈鈞「即非主動，亦近縱容」。袁世凱聞訊「大患」，在公開指責李烈鈞的同時，又暗中指使江西議員李國珍、郭同等多人控告李烈鈞，下令陸軍部讓九江鎮守使戈克安扣押江西所購槍械，同時派出六艘軍艦停泊九江長江江面進行示威。江西這批槍械，原為「供省內練兵之用」，是前任都督馬毓

談。另外，在李烈鈞的招待宴會上，孫中山的隨員馬君武對李讚賞有加：「地方集權為吾黨所主張，而李都督為實行本黨之第一資豪，深願猛進不怠，造成新江西，以為中國模範。」（轉引自胡春惠《民初的地方主義與聯省自治》，中國社會科學出版社 2001 年版，第 65 頁。）

28　《李烈鈞自傳》，載《李烈鈞文集》第 802 頁。

29　北京《政府公報》，第 230 號，1912 年 12 月 17 日。

寶在上海所購，有步槍七千支，子彈三百萬發，早已分別向南京、北京陸軍部辦理手續，但遲至一九一三年一月才運到九江。袁世凱的扣槍和軍艦示威，引起李烈鈞的強烈不滿。李烈鈞於是致電要求發還槍械，並以冬防為名，派遣軍隊分駐九江各要隘。抵制民政長和扣押槍械兩件事交結到一起，加劇了雙方的矛盾，李烈鈞與袁世凱之間，形成尖銳的對峙。

其後，副總統黎元洪出面調停，提出北京發還槍械、調回軍艦，江西派人迎接汪瑞闓上任，以平息爭議。陸軍總長段祺瑞派其侄到江西調查，也主張和平解決。國務院按袁世凱意通電各省，解釋中央與江西之「誤會」，要求江西接受黎元洪的辦法，袁世凱還派上將王芝祥為贛事查辦使，於二月十六日赴贛處理爭端。江西方面，李烈鈞繼續保持不反對汪瑞闓任民政長的態度，但由各界代表組成的「江西公民聯合會」，則通電各省明確反對袁世凱「擅布官制」，不承認汪瑞闓。最後，汪瑞闓自己表示不受贛任，王芝祥建議袁世凱撤回汪之任命、另擇他人，發還江西槍械。袁世凱於三月十一日任命趙從蕃署江西民政長，十四日下令發還槍械，這事才算了結。[30]李烈鈞與袁世凱的這場鬥爭，持續三個多月，雙方多次通電全國，影響很大，可以說最終以江西的勝利而告結束。但事情並沒有真正完結，李烈鈞以革命黨人出

30　詳見《中華民國史事紀要》，1913年1月25日；1月26日；1月29日；2月3日；2月16日；3月1日；5月22日。另參見胡春惠《民初的地方主義與聯省自治》，第84-87頁。

任江西都督，在本質上決定了不可能與袁世凱合流。反之，袁世凱的本質，也決定了他的退讓只能是一時之需。雙方的裂縫已不可能縫合，且還在繼續擴大，分裂對決終歸難免。

三 湖口起義

一九一三年三四月間，事情開始發生質的變化，成為爆發武力對抗的轉折點。

在省內，相繼發生抵制新任民政長和裁撤九江鎮守使事件。先是，江西省議會通電指責北京對江西民政長的新任命未經過參議院，是違背約法的行為；在北京政府補辦參議院通過手續後，省議會續於三月十六日、十九日電復國務院，表示絕對不承認這種取代法律的大總統「命令官制」，並通電各省籲請「主持正論，保障約法」[31]。袁世凱新任的民政長趙從蕃，於是未能在江西上任。繼而，由李烈鈞任命的九江鎮守使戈克安，在三月間突然發難，倒向袁世凱，向袁及全國發電詆毀李烈鈞，並於二十四日與李所派接收砲臺的部隊形成對峙。在李烈鈞的軍事壓力和王芝祥的促其辭職下，戈離潯去北京見袁世凱。其後，李烈鈞通電宣佈戈克安罪狀，江西省議會則致電袁世凱，要求裁撤九江鎮守使一職，以統一軍政，節省經費。這兩件事，前者反映的是分權與集權、民主與獨裁的鬥爭，後者則表現為對九江軍事重地的爭奪，也使李烈鈞與袁世凱的關係，再度面臨破裂。

---

31 《中華民國史事紀要》，1913 年 3 月 16 日。

在省外，這期間發生了袁世凱指使暗殺宋教仁案和向五個國家的「大借款」事件。國民黨在年初的正式國會選舉中獲勝後，代理理事長宋教仁準備組織內閣。這對袁世凱的獨裁形成威脅，袁為阻止國民黨組閣執政，竟派人收買兇手，於三月二十日晚在上海滬寧車站將宋教仁暗殺。四月二十六日，袁為解決軍政費用，進一步與五國銀行團達成二千五百萬英鎊的大借款意向。這筆借款以鹽稅作擔保，須由五國銀行團派員稽查鹽務和監督借款的使用。雖然是一種帶有奴役性的政治借款，但它使地方各省由此失去了向所倚靠的鹽稅支持，寬裕了中央的財力，為袁世凱對南方革命力量採取軍事行動提供了資金上的保證。

這些事件的發生，直接構成為李烈鈞發動湖口起義、首舉「二次革命」大旗的背景。

李烈鈞對袁世凱的行為深惡痛絕。四月十六日，他在為宋案致袁世凱的電報中說，「如果有神奸巨蠹，必欲推倒共和，即為國人之公敵，贛雖械缺兵單，亦謹當以昔日推翻專制之精神，再隨各省之後而擁護之也」[32]。同日，他派徐秀鈞、王有蘭為駐京全權代表，令其與南方各省駐京代表相聯絡。二十九日，他為大借款事再電袁世凱，指責這是違悖約法、喪失主權、滅國亡種的借款，是喪心病狂之舉，明確表示「寧為共和之鬼，不為專制之民」，要求袁世凱「速罷此議」[33]。也就是在這個月，李烈鈞明

---

32 《李烈鈞文集》，第 180-181 頁。
33 《李烈鈞文集》，第 188 頁。

確了袁氏中央「可殲」的認識[34]，下定了與袁決裂的決心。李烈鈞成為向來反對袁世凱專制集權「最力」[35]的國民黨人。

宋案驚醒了孫中山。他中斷正在日本的考察，返回上海，主張武力討袁。但國民黨內部並不完全贊成孫中山的意見，孫中山於是將目光轉向李烈鈞。他派遣張繼、馬君武、邵元沖、白逾桓等四人到江西，授意「聲罪討袁」。與此同時，袁世凱加快進行戰爭部署。繼完成借款、解決戰爭經費後，五月一日，任命陸軍總長段祺瑞兼代國務總理。六日，召開祕密軍事會議，制定對贛、湘、皖、蘇四省用兵計劃，決定一路主攻江西，一路主攻上海、南京，一路控制湖南。中旬，北洋軍大舉南下，北洋第六師、第二師相繼入鄂，形成監視及進逼江西、湖南之勢，完成了全部的戰爭準備。

六月九日，袁世凱下令罷免李烈鈞江西都督職務，所列李之罪狀，有反對汪瑞闓為江西民政長、擅自改編師團、調兵派員管理九江砲臺、迫脅鎮守使戈克安離潯、調兵運械進逼鄂境等[36]。同一天，袁另發五道命令，任命黎元洪兼署江西都督，並任李烈鈞部下賀國昌護理江西民政長，歐陽武為江西護軍使兼第一師師長節制所有江西陸軍各營，陳廷訓為江西要塞司令官節制九江湖口一帶江防各營隊並直隸陸軍部管轄，意圖分裂李烈鈞陣營（但

34　《李烈鈞文集》，第 189 頁。
35　胡春惠：《民初的地方主義與聯省自治》，第 88 頁。
36　北京《政府公報》，第 393 號，1913 年 6 月 10 日。

· 討袁軍架設大砲（《圖文 20 世紀中國史》）

除陳廷訓外均未為袁所動）。其後，接續罷免廣東胡漢民、安徽柏文蔚的都督職務，擺開了與南方國民黨對決的陣勢。

李烈鈞當即向各方交卸職任，十五日赴上海向孫中山請示機宜。在孫中山召集的國民黨人會議上，李烈鈞表示擁護孫中山的討袁主張，江西願意首先起兵。與會者聞之感奮，遂一致推李為七省討袁軍總司令。七月五日，北洋軍李純第六師開始由鄂攻贛，八日進占九江，同日李烈鈞與在滬的江西第一旅旅長林虎、混成旅旅長方聲濤，從上海回到湖口，召集水巡總監何子奇、師長劉世均等，成立討袁軍總司令部。十二日，李烈鈞發表討袁檄文和對外通電，正式發起湖口起義，宣佈江西獨立。十三日，江西省議會議決江西宣告獨立，組織討袁軍，並向全國發表宣言，稱「袁世凱專橫違法，破壞共和，罪惡昭著」，對此共和大蠹、國家叛徒、人民公敵，「人人得而誅之」。宣言宣佈，經省議會特別大會公推，以李烈鈞為討袁軍總司令，歐陽武為江西都督，賀國昌為省長；呼籲全國同胞「同心協力，速起義師，共殲大

懲，重建共和」[37]。至此，李烈鈞在江西湖口首舉討袁大旗。隨後，南京、上海、安徽、湖南、廣東、福建、重慶等省市相繼響應，宣佈獨立，興師討袁。這就是歷史上著名的國民黨「二次革命」。這場討袁二次革命，因為發生在癸丑年，以江西、南京為主要戰場，故而又稱「癸丑之役」、「贛寧之役」。

戰爭之初，江西文武並舉，先聲奪人，很有氣勢。李烈鈞討袁軍繼擊敗月初由湖北進入九江沙河的北洋軍（以下簡稱「袁軍」）李純第六師一部，占領沙河和湖口砲臺後，分兵三路進行攻守：右路以混成旅佈防湖口、彭澤一線，由旅長方聲濤為司令；左路以第一師第一旅駐瑞昌、九江一線，由旅長林虎為司令；中路李烈鈞自兼司令，率第一師第二、第三旅駐湖口，同時，以水巡總監何子奇兼湖口守備司令，李明揚為湖口砲臺總台長，守衛湖口要塞。其後，與袁軍在沙河、瑞昌、湖口等處連日激戰，林虎等部在瑞昌、賽湖擊敗袁軍，並向全國通電報捷。

另一方面，以江西省議會為中心，江西民眾反對袁軍入贛，在輿論宣傳上也一度形成激烈攻勢。繼省議會通電討袁、宣佈與中央脫離關係後，十五日，江西省七十九縣公民發佈討袁檄文，歷數袁世凱「蹂躪約法，干涉議會，戕害無辜，摧殘言論，擅免官吏，私借外債，喪失主權」的罪行，呼籲「力除民國蟊賊」。又以江西軍民名義，頒佈招諭北軍將士檄文。十六日，省議會和都督歐陽武、省長賀國昌聯名致電參眾兩院及各省軍政機構，稱

37　《中華民國史事紀要》，1913 年 7 月 13 日。

贛省軍民人士「均不承認萬惡之〔袁〕世凱為中華民國大總統」，呼籲全國一致聲罪致討，「另舉才德兼全，威望素著者，以代其位」，從而「剷除專制，鞏固共和，慰烈士在天之靈，造人民無疆之福」。同日，還以省議會聯合會名義致電袁世凱，指斥其泫濁政治、違法專權、殘民以逞、賣國求榮，勸其誅前敵悍將以謝贛人，罪己悔過以謝天下，以免「追隨查爾斯路易輩於斷頭台下也」[38]。省議會堅定地站在都督一邊支持討袁，是「二次革命」時江西的一個突出政治現象。

但是，這是一場力量對比實在過於懸殊的戰爭。江西討袁軍在湖口、九江戰場的兵力，不過一個師又一個混成旅，加上在南昌等地的一個師，也只有兩個師一個旅（其中還有的部隊如九江陳廷訓等已倒向袁世凱）。原計劃中的湘、粵援軍，則從未出現。袁世凱卻在李純部失利後，立即向江西增兵。他從奉天（今遼寧）、保定、河南調兵一點五萬，任命段芝貴為第一軍軍長兼江西宣撫使，疾速南下加入江西作戰；任命海軍部次長湯薌銘率艦隊增援湖口，協同作戰。袁軍一個軍、一個師又一個海軍艦隊集中贛北，「械精糧足」，形成段芝貴居中、李純居左、王占元居右、海軍在江湖協同的四路配合作戰態勢，致使戰場形勢很快發生逆轉。二十五日，在袁軍海陸軍重兵夾攻下，湖口失守，湖口東西兩砲臺的大砲，也被湯薌銘拆卸到軍艦上。其後，討袁軍因難以抵禦袁軍攻勢而節節退卻，九江姑塘、星子、德安、吳城

38　上述各電電文詳見《中華民國史事紀要》，1913 年 7 月 15 日、16 日。

等相繼失陷。袁世凱以重金、軍銜大量獎勵作戰官兵，並在陣前提升師長李純為江西護軍使，旅長馬繼增為第六師師長，團長張敬堯為混成旅旅長。

八月十日，李烈鈞率餘部退入南昌。此前，袁世凱已於六日下令解散江西省議會。由省議會選舉的江西都督歐陽武、民政長賀國昌，則於九日離開南昌，避往吉安；兵站總監俞應麓、警察總監閻恩榮、財政司長魏思旻等高級官員亦多撤離。南昌成為孤城且陷於混亂之中。李烈鈞遂以第三團團長伍毓瑞為江西陸軍獨立旅旅長，各界公推伍毓瑞代理江西都督。伍率所部佈防昌北樵舍、樂化、牛行一線，阻擋袁軍進攻南昌。這時，安徽、福建、湖南等地先後取消獨立，江西更陷於孤軍作戰之中。

隨後，袁軍馬繼增、張敬堯部由水陸會攻南昌。經激戰退守牛行時，伍毓瑞以戰況告李烈鈞並勸其先行撤離。十六日，李烈鈞帶何子奇、李明揚、卓仁機、鄧祖禹等出城西走，旋經樟樹、宜春、萍鄉到長沙，而後流亡日本。伍毓瑞也率吳懋松、萬勳兩團退向進賢，隨後解散部隊，由浙江避往日本。[39]十八日，袁軍攻入南昌，李純致電袁世凱，自稱斃敵一千餘人，招降四營，繳獲火輪七隻，步槍五千餘桿，快炮六尊，而自身僅陣亡官兵數人、受傷一百餘人[40]。袁軍入城後，對南昌進行了洗劫。李純原在作戰之初，即曾發佈命令，「謂凡進攻之處，准搶三日，故一

39　參見《江西通史》，第740頁。
40　李純通電，載《革命文獻》，台北影印版，第44輯第145頁。

時贛省乃淪為強盜世界。尤以張敬堯所部，一如辮子軍張勳所部一樣，在入南昌的第一天，就使該城橫屍千餘具，凡南昌富室均被指為國民黨，劫掠其財物，姦淫其子女，其情狀之慘，令人髮指」[41]。袁世凱對此無動於衷，反向段芝貴、李純授以勛章，加張敬堯陸軍中將銜。南昌的失陷，標誌著「二次革命」在江西的失敗。

有論者對以湖口首義的「二次革命」的興起與失敗作過客觀的論述，指出自表面上看，「二次革命」似乎起自李烈鈞之湖口舉義，但是實際上卻是袁氏早有軍事上消滅南方反對勢力之安排。當事起之時，南方各省均系倉促應戰。宣佈對抗中央的獨立省份雖包括了江西、江蘇、安徽、湖南、廣東、福建和四川，但真正稍有實力且有決心應戰者，唯有江西一省和黃興坐鎮之南京。所以在雙方勢力懸殊情況下，代表各省地方勢力反抗袁氏中央集權的「二次革命」，遂在九月間全歸失敗。[42]

「二次革命」是一場保衛辛亥革命成果的鬥爭。李烈鈞忠實遵循孫中山的革命意圖，冒險犯難，在江西首舉革命大旗，表現出可貴的民主革命精神和大無畏的氣概，在中華民國開國史上，留下了重要的一頁。「二次革命」雖然只堅持了兩個月，但其精神一直流傳了下來。革命失敗後流亡東京的江西討袁軍參謀長夏

41　詳見上海《民立報》，1913 年 8 月 24 日；郭廷以：《中華民國史事日誌》，第 1 冊，第 100 頁，轉引自《中華民國史事紀要》，1913 年 8 月 18 日。

42　胡春惠：《民初的地方主義與聯省自治》，第 89 頁。

之麒，曾於一九一四年返滬，受孫中山命主持江西軍事，派出劉萬、歐陽靖國等人潛回江西，建立祕密革命組織「新華社」，密謀在贛發動「三次革命」。這次活動因領導機關遭到北洋江西當局破獲，亦告失敗。但此後革命黨人在江西的組織與革命活動，綿延不絕，從未中斷。

第二節 ▶ 北洋江西政權的建立

一 社會菁英的散落

「二次革命」的失敗，也成為結束革命黨（國民黨）人掌握南方各省政權的標誌，北洋軍閥由此切實控制了南方政權。一九一三年八月二十二日，北洋江西宣慰使段芝貴進入南昌，宣佈李純任江西護軍使，汪瑞闓重任江西民政長。九月二十九日，袁世凱任命李純署江西都督。至是，在江西建立起由李純主導的北洋省政權。

李純（1874-1916年），字秀山，天津河東人。早年家貧，隨父經營小雜貨鋪。十五歲入營當差，一八九一年被保送入天津北洋武備學堂。為人精明幹練，勤奮好學，尤善交結。畢業時留在學堂任用。一八九五年袁世凱在小站操練新軍，李純入營任教練，備受青睞，連升為提調、管帶、標統。一九〇七年出任北洋陸軍第六鎮第十一協協統（旅長）、隨營學堂監督，駐防北京南苑，成為袁世凱的親信。辛亥革命爆發時，率軍南下至武漢，協攻漢口，升任第六鎮統制（民國後改為第六師師長）。「二次革

命」時統兵入贛，升江西護軍使、署江西都督（不久後實授），成為掌握一省軍政實權的大員。[43]

李純將清除李烈鈞餘黨、肅清國民黨人作為頭等任務。他與汪瑞闓按照袁世凱的旨意，交替發佈全省戒嚴令，在全省各地嚴厲捕捉和鎮壓國民黨人，凡黨人「為文武官員及議員、記者者，一律按冊緝捕」[44]。據十二月十三日都督署頒發的懸賞緝拿黨人條例記載，江西還以重賞鼓勵緝捕黨人，凡捕獲要員五人，獎五千元；三人獎三千元，依次類推。[45]

當時，江西國民黨人主要集中在軍隊、省議會和國會三個方面。在軍隊方面，根據李純等的呈報，袁世凱在一九一三年十月十五日對孫中山及「二次革命」首要的通緝令中，列出的江西省名單為：「首魁」李烈鈞、歐陽武，「執重要事務」者林虎、羅全、李明揚、周璧階、卓人機（即卓仁機）、賀國昌、劉世均（11 月 4 日加列俞應麓、方聲濤、蔡銳霆、彭程萬）。這些人在起義失敗後，大多逃亡日本等地，後來在李烈鈞率領下，轉入雲南繼續參加反對袁世凱的護法運動。他們長期被迫離開江西，是後來組建贛軍的骨幹。當時未逃出江西的歐陽武，在吉安被捕，

43　詳見廖信春撰《李純》，《江西近現代人物傳稿》，第一輯，第 139-144 頁。

44　《江西代表在中國國民黨第一次全國代表大會上的報告》，國民黨中央黨史會編《中國國民黨黨務發展史料組織工作》上，台北近代中國出版社，1993 年版，第 30 頁。

45　黃智權主修《江西省志・江西省大事記》，方志出版社 2002 年版，第 154 頁。

被押送北京，判處八年徒刑（不久被赦免）；曾任江西衛戍司令的廖伯琅、李烈鈞軍政府顧問的黃九言等，則在南昌被殺害。

在省議會方面，八月六日，袁世凱已下令解散江西省議會。隨後，李純、汪瑞闓奉令進一步調查各議員行為，袁世凱據其呈文，於十月十三日發出對四十六名議員的緝拿令。他們將這些議員的罪名分為三類：副議長顏丙臨、歐陽莘，議員甿用中、吳鴻鈞、魏調元、李儒修、巢廣源、邱漢宗、陳鴻藻、羅銓、杜鳳樓、楊賡笙、汪征源、曹和濟、胡廷鑾、鄧炎、尹士珍等十七人，罪名為「或提倡宣佈獨立，或主張傾覆中央，或充間諜偵探軍情，或臨戰地與聞亂事」，應即「嚴密查拿，按法懲辦」；議長任壽祺、議員王光祖、涂樹霖、潘震甲、王鎮寰、陳肇志、張家樹、蕭炳章、楊中流、蔡吉士、鄧維賢、鐘士林、燕世經、胡廷校、尹綸、羅士傑、李政准等十七人，罪名為「或妄逞謬說，或附和逆謀，或發起公債票以籌助軍需，或代表聯合會以攪亂大局，均屬於亂事有密切關係」；議員葉含芳、吳肇荊、劉樹森、賴天球、吳祖植、黃頃波、陶楨、陳炳圖、吳爵壬、黃甲、李嘉韶、鄒樹炘等十二人，罪名為「於該省集議倡亂之時，同在會場投票，選舉偽都督、司令等，亦屬甘心從逆」，因此對他們也要「一律拿捕」，分別究辦。[46]這些被通緝的議員，約占議員總數一百四十名的三分之一，其中有多少人被捕，尚無確數，未被捕者，也被迫流散省外、海外。與緝捕這些省議會議員的同時，李

46 北京《政府公報》，第 519 號，1913 年 10 月 14 日。

純還公佈了對三十多名已逃縣官的通緝名單。

江西當選為國會議員的有四十五人，其中眾議員三十五人，參議員十人。十一月四日，袁世凱以「查獲亂黨首魁李烈鈞與亂黨議員徐秀鈞等」往來密電，發現國民黨本部與該黨議員「勾結為亂」重情為名，下令「凡國會議員之隸籍國民黨者，一律追繳議員證書、徽章」，各地國民黨機構「不拘為支部、分部、交通部及其他名稱」，「一律勒令解散」[47]。江西的眾議員中，有國民黨人二十七人，參議員則全為國民黨人，他們由此均被剝奪了國會議員的身分。同日，袁世凱還發出長篇佈告，點名攻擊一批國民黨議員，江西國會議員尤首當其衝，在眾議員中，點名者達十七人：徐秀鈞、王有蘭、歐陽沂、賀贊元、辛際唐、文群、王侃、鄧元、黃格鷗、曾干楨、邱冠棻、彭學浚、盧元弼、王恆、張於潯、程鐸、陳子斌，而且其中大多數被多次點名；在參議員中，點名者達九人：朱念祖、蔡突靈、蕭輝錦、盧式楷、劉濂、符鼎升、燕善達、邵樹聲、湯漪。[48]這些議員，大多也被迫流亡海外。徐秀鈞則在此前已被袁世凱拘捕，並押回江西九江，受到嚴刑拷打，因堅貞不屈，十月七日被袁世凱下令殺害，在中槍未死時即慘遭活埋[49]。

在被通緝者本人逃亡後，李純還對其家屬重加摧殘。如蔡突

47　北京《政府公報》，第 541 號，1913 年 11 月 5 日。

48　北京《政府公報》，第 541 號，1913 年 11 月 5 日。

49　伍常安撰《徐秀鈞》，《江西近現代人物傳稿》，第二輯，江西人民出版社 1991 年版，第 106 頁。

靈、蔡銳霆兄弟逃亡日本後，李純派兵至宜豐，抄沒其家，並將其父、弟數人拘捕關押，判刑十年。[50]這類情況，同樣發生在其他逃亡者身上。李純還常以各種「政治嫌疑」為藉口，拘捕無辜群眾，致使南昌出現「逐日刑人」的恐怖局面[51]。這種局面，一直延續到一九一五年李純徹底鎮壓國民黨人密謀組織「新華社」發動「三次革命」、江西黨人除被捕殺數十人外「余悉逃伏」時為止。[52]

　　一般而言，在軍政機構和議會中，集中著一個地方的菁英人才。以江西議員為例，在一百四十名省議員中，國民黨人占百分之七十四；四十五名國會議員中，國民黨人占百分之八十二。當時的國民黨人，大多是接受民主思想、新式教育的時代才俊，如四十五名國會議員中，出身傳統功名的有十二人，占百分之二十六點七，比全國百分之五十一的平均數低得多；而有確實資料可考的留日回國者有十七人，從國內新式學堂畢業者有五人，共占百分之四十八點九，其知識結構和思想觀念相當優越；在年齡上，四十五人平均為三十三點四二歲，思想敏銳、勇於挑戰的特點也十分突出。[53]這是在當時社會大轉型中，一批十分難得的菁英人才。因此，袁世凱和李純的鎮壓，嚴重地摧殘了江西的民主

50　能步成撰《蔡銳霆》，《江西近現代人物傳稿》，第三輯，團結出版社
　　1993 作版，第 121 頁。

51　廖信存撰《李純》，《江西近現代人物傳稿》，第一輯，第 141 頁。

52　《江西省將軍署、巡按使署招新華社黨員自首令》，1915 年 4 月。

53　呂芳上：《民國初年的江西省議會，1912-1924》，台北中研院近代史
　　所編《中央研究院近代史研究所媒刊》，第 18 期，第 228-229 頁。

革命力量，全省社會菁英或死或逃，受到沉重的打擊。這是「二次革命」後江西政治、經濟和社會長期無大起色的一個重要原因。

二 北洋軍政體制的確立與施行

為了加強對地方的軍事控制，北洋政府實施的一項重要措置，是普遍設立鎮守使署的二級軍事體制。一九一三年十月，李純在九江、宜春分別設立贛北、贛西鎮守使署，十二月在贛州設立贛南鎮守使署（1919 年 9 月還在上饒增設贛東鎮守使署）。先後任命陳廷訓、馬繼增、吳金彪等為贛北鎮守使，劉槐森、洪自成、馬克耀、方本仁等為贛西鎮守使，李廷玉、吳金彪、吳鴻昌等為贛南鎮守使。三個鎮守使署的設立，是省級地方軍事體制的重大變化，它形成了都督署、鎮守使署的兩級軍事體制，加強了軍事力量對地方的有效控制，鎮守使長期成為當地的最高長官，主宰著當地的軍政事務。贛南鎮守使李廷玉即曾濫用職權，違法擾民，逮捕、刑逼地方無辜士紳並抄沒其家產，引發民憤，當局不得不革去其陸軍中將及鎮守使職。[54]其他鎮守使也程度不同地存在這類胡作非為的情事。

與此同時，李純大肆擴充軍事實力。一方面，他整編吞併原贛軍餘部，編練為七個步兵團。[55]另一方面，他派團長畢化東負

54　北京《政府公報》，第 811 號，1914 年 8 月 8 日。
55　《江西通史》，第 741 頁。

招兵專責，到河北、河南兩省招募士兵，以補充第六師戰後的缺額。「自民國三年起，陸續擴編三個混成旅、三個省防獨立團，以吳鴻昌、李展臣、黃振奎（先為張敬堯）分任一、二、三混成旅旅長」，裝備均係德國器械，由北京政府領來。[56]這樣，江西駐兵及其戰鬥力也達到了民國以來的高峰。這為李純鞏固其統治，提供了強有力的保障。

在行政上，李純則首先解決了與民政長汪瑞闓的矛盾。原被李烈鈞等所驅逐的汪瑞闓，是帶著十分喜悅的心情重返江西民政長之任的。他一到任，即薦舉賈寶菜為秘書長，戚揚、夏孫桐、田春廷分任內務、財政、實業司司長，頗有實行軍政分治之心。同時，為籠絡人心，也大膽地為因「二次革命」受到不當處置的部分議員和官員平反，並相應予以任用。但汪瑞闓的行為顯然為李純所不容。汪在任不到四個月，即被以十條罪狀舉報和查究，主要如依靠郭同（原最先向袁世凱舉報李烈鈞的江西議員）及其引介的高巨瑗，網羅建立自己的班底，以致不少縣長、稅吏等「現委差缺，多係郭、高二人所引進者」；「不待中央命令，擅發九五錢票二百萬串」等。[57]一九一四年一月二十一日，袁世凱以「紊亂財政，任用非人，頗滋物議」之名，下令解除汪瑞闓職務，交中央高等文官懲戒委員會議處；任命戚揚代理江西民政

56　竇守鋪、蘇雨眉：《李純一生的聚斂》，杜存和等編《北洋軍閥史料選輯》下，中國社會科學出版社 1981 年版，第 259 頁。

57　北京《政府公報》，第 726 號，1914 年 5 月 15 日。

長。[58]汪瑞闓的去職，固然與其任用非人有關，但實質上反映的是軍政之爭，即都督與省長之間的矛盾。

一九一四年五月二十三日，袁世凱頒佈省、道、縣官制。六月，江西據此變動行政體制。主要內容為：1.省級行政機構簡縮，都督改稱將軍，民政長改稱巡按使（1916年7月將軍改稱督軍，巡按使改稱省長）；裁撤原設內務、教育、實業、財政各司及國稅廳，設立政務廳、財政廳，並在政務廳內設總務、內務、教育、實業四科，原國稅廳事務併入財政廳。[59]李純任將軍（督軍），戚揚任巡按使（省長），陳嘉善、王純分任政務、財政廳長（財政廳長職務先後由濮良至、羅述櫟繼任）。2.在省、縣之間增設道一級行政機構。江西全省劃分為四道：豫章道，轄南昌、新建、臨川、上饒等二十三縣；盧陵道，轄宜春、吉安、萍鄉、高安等二十一縣；贛南道，轄贛縣、南康、寧都、瑞金等十七縣；潯陽道，轄九江、安義、奉新、樂平等二十縣。[60]各道道署分別設南昌、宜春、贛縣、九江。道行政長官稱道尹，從首任到一九二七年止，豫章道尹為何剛德（後曹本章），盧陵道尹

---

58 北京《政府公報》，第614號，1914年1月22日。該委員會4月15日認定江瑞闓8條事實，決定對汪「處以號職」。28日袁世凱下令「即行褫職」。1915年5月4日，北京政府因江西士紳歐陽霖等聯名上書，「瀝陳其在贛時勵精圖治，坦白無私」，「因應咸宜，卒成分治之局」，認為其實在情形，不無可諒，決定對汪瑞闓「著即開復號職處分，聽候錄用」（北京《政府公報》第1074號，1915年5月5日）。
59 北京《政府公報》，第735號，1914年5月24日。
60 北京《政府公報》，第745號，1914年6月3日。

068

羅述稷（後夏炎甲、程用傑、趙毓奎、董錫成、劉印昌、王杜、高崇佑、陳方贊、杜天驥），贛南道尹袁學昌（後邵啟賢、鄒日奎、陳俊、高崇佑、薛雪），潯陽道尹吳筠孫（後傅春官、高培樞、鄒日奎）[61]。3.縣一級在體制上無甚變動，但江西當時對縣知事作了大規模的調整，將撤下的三十五名縣知事送北京考試院考核。北京政府則在全國分期招考縣知事，合格者分發各省任用，如一九一四年八月二十九日，袁世凱下令任命第三期知事考試錄用人員，全國錄取八百三十人，分發各省任用五百三十五人，其中分發江西四十八人。[62]這次體制變動，是一次全國統一的行動，起因顯然出於袁世凱的企圖稱帝，但從政制上說，是對地方原二級行政體制的重要改變，由此建立的省、道、縣三級行政體制，比較有利於地方政務的推行。因此，這一體制在袁世凱死後仍然被延續下來，一直到北洋軍閥統治覆滅時止。

由於連續的戰爭和重兵的屯駐，李純統治江西時期，全省財政經濟狀況十分窘迫。一九一四年北洋政府財政部調查各省濫發鈔票情況，其中江西濫發一千四百六十九萬七千一百七十元，占全國總數一億四千五百五十七萬四千一百六十五元的十分之一，僅次於湖北、廣東、吉林三省[63]。此後，雖然也開辦過一些地方實業，但主要還是靠發行地方公債、貸款和向中央政府要錢等，

61　劉壽林編《辛亥以後十七年職官年表》，沈云龍主編《近代中國史料叢刊續編》第5輯，台北影印本，第332-340頁。
62　《中華民國史事紀要》，1914年8月29日。
63　《中華民國史事紀要》，1914年1月15日。

來維持政權的運轉。在政治上，與從未間斷的嚴厲鎮壓革命黨人相配合，社會控制與輿論控制也十分嚴密，一些較有影響的報刊，如《天傭日報》、《輿論報》和《豫章日報》等，因有言論不合當局口味相繼被查封，有的報館負責人遭拘捕。而因重捐重稅、派款派債等引發的小規模社會騷亂，也不時發生。在全省建立了官員獎懲制度，如省財政廳長王純因受賄五百元，即於一九一五年七月被司法部核准判處死刑[64]，繼任濮良至因發行紙幣引發省內金融危機，在任一年即解部察查；一些縣知事因疏於政務也屢屢受到撤換的處分。這些措施看似比較嚴厲，但李純本人卻大肆搜括，他將在江西聚斂的錢財送回天津老家購買地產，營建房屋，因房屋成片相連，以致被人稱為「江西街」。[65]

三 反對復辟帝制的鬥爭

1. 江西民眾擁袁者罕有所聞

一九一五年十二月，袁世凱開始使用皇帝稱號，並預定在一九一六年元旦舉行「登極大典」，實行帝制。袁的復辟帝制行為，受到經受民國理念洗禮的國人的反對，雲南率先興兵討袁，宣佈獨立，發動了頗有聲勢的護國運動。在雲南護國軍中，原江西都督李烈鈞被任命為第二軍總司令，率部由雲南東出桂、粵，

---

64 1916 年春在家屈運動下獲特赦。

65 《江西通史》，第 741 頁。又參見竇守鋪、蘇雨眉《李純一生的聚斂》。

擬取道江西北上。原贛軍將領方聲濤、李明揚、胡謙、彭程萬、伍毓瑞、卓仁機、賴世璜、曹浩森、熊式輝等，均在該軍擔任要職。他們由廣東北上，一度對贛南形成嚴重的威脅。

對於袁世凱的稱帝，掌握江西軍政大權的李純、戚揚取完全支持的態度。袁本人因遭到反對，預定的「登極大典」不敢舉行，並讓各省陳述意見。一九一六年一月五日，李純、戚揚上書，要求袁世凱不顧反對，「速登寶位」，早日為帝。他們假冒民意，偽稱全國人民「一致主張君憲，推戴我皇帝救國救民」，「君憲問題業成鐵案，無討論之餘地」，「當此之時，民國業已取消，帝制又不實施，蹉跎委蛇，危險萬分。惟有仰籲我皇帝速登寶位，以保大局，從此九五當陽，幺〔妖〕魔潛跡，內則天澤分嚴，外則交際易締，名正言順，國體固矣。」他們諛言袁之稱帝是「中國之福」，勸袁稱帝「莫此為先」，而不要在乎儀文末節。同時，建議對破壞袁帝制自為的雲南唐繼堯、蔡鍔進行討伐，即所謂「仰籲我皇帝，邃將唐繼堯等罪狀宣示中外，命將出師，大施撻伐，俾全國以亂臣賊子為炯戒，無敢傚尤，定人心而有綱常，端在此舉」。表示他們將督率江西「籌備餉糈，責無旁責〔貸〕」[66]。這封電報，反映了袁世凱的心腹親信對他稱帝的衷心擁護，也典型地折射出李純這類依靠裙帶關係出掌大權的人物，

66　《李純等要袁世凱不顧反對速登帝位電》（1916 年 1 月 5 日），中國第二歷史檔案館等編《中華民國史檔案資料叢刊：護國運動》，江蘇古籍出版社 1988 年版，第 137-138 頁。

在國家民族發展的重大關頭只認個人利益而無是非原則的真實面目。

但是，李純也很快被反袁護國運動的大潮流所衝擊，而陷入極端的被動之中。顯然是為了避免與袁世凱一同被歷史潮流淹沒，李純在兩個月後改變了勸進的態度。三月二十一日，李純與江蘇將軍馮國璋、長江巡閱使張勳、山東將軍靳云鵬、浙江將軍朱瑞聯名，向袁世凱發出密電，要求其取消帝制，以平滇黔之氣。[67]袁世凱面對國內外一片反對之聲和眾叛親離的形勢，接受五將軍的要求，於次日宣佈撤銷帝制。從元旦改元至撤銷帝制，袁之八十三天的皇帝夢徹底破滅。

袁世凱取消帝制後，又企圖繼續留任大總統。對此，不但西南獨立各省反對，而且其親信馮國璋也勸他自動退位，原本效忠袁的廣東、浙江、陝西、四川、湖南地方軍閥相繼響應護國運動，在四、五月間宣告獨立。但李純再次逆流而動，明確擁護袁世凱留任總統。一九一六年四月三日，李純向全國發出擁袁留任總統和反對西南興兵討袁的電文，公然宣稱：「帝制一案，業經奉令撤銷，推戴各書，亦已退院焚燬。大總統不忍生靈荼炭，以期息事寧人，以救國救民之苦心，示屈己從人之謙德，凡我國民，皆宜共諒。即有一部分人政見不合，反對興戎，今已如所要求，達到目的，正宜和平解決，聽候政府處分。……乃近閱各報載，有滇、黔二省要求元首退位之說，果有此言，殊堪駭異。伏

67 《中華民國史事紀要》，1916 年 3 月 22 日。

思今大總統涖職四載，凡歷史未經之困苦，靡不備嘗，卒能奠定國基，因應悉當，保持國內之秩序，不失外人之信仰。」因此，他指責要求袁世凱退位是搖動根本，陷國家於危險地位，置同胞於萬劫不復之地，表示「倘該一部分人堅執此議，肆意要挾，則是逞其私懷，為國公敵。純惟有與之俱盡，誓不兩存，一切犧牲，在所不恤」[68]。李純的電文，再次勾畫出其不明大勢、顢頇無知的面目。

　　江西民眾與李純的態度適成鮮明對照。四月上旬，江西商民已經要求李純宣告江西獨立，消息傳到北京，北京政府在十三日決定一面派兵恫嚇，一面請張勳電勸贛省長官及紳耆取消獨立之議。[69]十七日，李純、戚揚得到浙江獨立消息後，在南昌召集軍政警紳商學各界領袖會議，再次重申其帝制取消、即為民國，要以擁護中央、保衛地方為目的的主張。但此後，全省獨立傳言「日甚一日」，當地及護國軍所派革命黨人在九江、上饒、贛州等地活動活躍，李烈鈞派伍毓瑞來贛宣慰、運動獨立的消息流傳廣泛。二十二日，假「浙江獨立軍」之名的革命黨人一舉占領緊鄰浙江的玉山縣署，宣佈獨立，隨後派人分往上饒、廣豐、河口等地，並一度占領上饒、宣佈獨立。李純對全省的反袁獨立活動嚴厲鎮壓，派兵重點加強萍鄉、贛州、九江的防務，贛東的獨立

68　《李純反對袁世凱退出總統位電》（1916 年 4 月 3 日），《護國運動》，第 708-709 頁。

69　《漩渦中之粵浙蘇湘贛》，《申報》1916 年 4 月 19 日。

活動在當地武力鎮壓下失敗,在九江運動獨立的革命黨人譚鳳歧等三十多人被捕,譚等六人當即遭殺害。五月三十日,《大陸報》記者曾將江西民情與李純的不同態度作有一個比較,指出江西「當道今仍忠於中央政府,輿情皆趨向革命方面,而擁袁氏者則罕有所聞」。[70]這個報導,反映了江西人民反對袁世凱專制獨裁的堅定態度,以及與李純截然不同的政治立場。

六月六日,袁世凱病死,黎元洪繼任總統。圍繞著袁之稱帝、留任總統的民主與專制的鬥爭,告一段落。七月六日,黎元洪頒佈命令,統一各省軍政長官名稱,將督理軍務長官改稱督軍,民政長官改稱省長;任命李純為江西督軍,戚揚為江西省長。地方官制正式出現省長名稱,即由此始。此後,江西政治、軍事的中心,轉向防阻護國軍從廣東的北上。

2. 反對張勳復辟帝制

繼袁世凱稱帝敗亡後不久,中華民國史上,又發生了與江西人關係更為密切的張勳復辟事件。

袁世凱死後,北洋軍閥逐漸分裂為以段祺瑞為首的皖系、以馮國璋為首的直系和以張作霖為首的奉系等幾大派系,追逐著中央政權。一九一七年五月,大總統黎元洪與總理段祺瑞在是否加入協約國對德國宣戰問題上鬧翻,黎罷免段之職務,段則組織安

70　《南昌輿情之趨向》,《申報》1916 年 6 月 5 日。這種分野,在袁世凱死後仍十分鮮明地表現出來。當時的報導稱,袁死後,江西官廳為之下旗誌哀,而「商學各界及地方各公團除懸旗慶祝黎總統外,誌哀一事,皆未遵令舉行。如此可見贛人對於袁氏之心理矣」。

徽等八省獨立，公開反黎。以馮國璋為首的江蘇、江西、湖北三省軍閥（時稱「長江三督」），兩邊皆不附和，表示中立。黎元洪在四處求救碰壁後，轉而求助駐守徐州的「定武上將軍」張勳，「盼即來京，共商國是」。張勳[71]曾任清朝官職，辛亥革命後一向主張清王朝復辟，得黎元洪電召後，他認為復辟時機已到，立即以調停黎、段紛爭為名，率三千名「辮子軍」入京。六月中旬，脅迫黎元洪解散國會。七月一日，與康有為等扶擁被廢除的清朝宣統皇帝溥儀「重登大寶」，演出了一幕清朝復辟的醜劇。這是民國建立後第二次恢復帝制，史稱「張勳復辟」或「丁巳復辟」。

在全國一致聲討張勳復辟的浪潮中，江西當局與民眾這一次有了共同的行動。二日，江西督軍李純向全國發出通電，指出復辟之舉是妄視國家為兒戲，萬難承認，並「盼同心協力，遏此橫流」[72]。三日，李純召集軍政警法特別會議，會議譴責「張勳等

71 張勳（1854-1923 年），字紹軒，江西奉新人。行伍出身。1895 年投入袁世凱新軍，任管帶，1899 年升總兵。1911 年被清廷任命為江蘇巡撫兼署兩江總督南洋大臣，駐南京。辛亥革命後退駐徐州、兗州一帶，擴充兵力至 2 萬人。為表示忠於清廷，本人及所部均留髮辮，故被人稱為「辮帥」、「辮子軍」。「二次革命」時奉袁世凱命率部鎮壓南京討袁軍，縱兵搶掠。任北洋長江巡閱使、上將軍、安徽督軍。袁世凱死後在徐州成立 7 省（後增至 13 省）同盟，自認盟主，謀清室復辟。復辟失敗，逃入荷蘭使館，被通緝。1923 年在天津公館「松壽堂」病逝，葬儀空前隆重，沿街數里，轟動津門。其靈柩經幾番周折運回老家奉新安葬時，在江西也轟動一時。
72 《南昌李純通電》（1917 年 7 月 2 日），《申報》1917 年 7 月 5 日。

膽敢謀叛民國，恢復清室，賣國求榮，令人髮指」，決定江西即日起宣佈「自立」，一切軍政民政司法概歸本省政府自理，應解中央各款自七月一日起停止匯解，以九江為重點在全省實行特別戒嚴。[73]這一決定，得到了省議會和紳商學報各界的一致支持。同日，江西省議會由議長任壽祺領銜，向全國各省軍政長官、議會、孫中山等以及各報館發出通電，指出：張勳等擁戴宣統，實行復辟，將先烈鐵血構成之民國，一朝顛覆，其「肇逆謀亂，罪通於天」。通電認為，救國良圖，除出兵討賊外，實再無觀望調停之餘地，因此號召全國各地「協力同心，速定大計，會師寧鄂，勒馬燕雲，殄彼妖魔，還我民國」[74]。江西各界各種聲討會議和行動，也持續不斷。隨後，江西當局還跟隨馮國璋之後，將全省軍隊組織為北伐軍，以齊燮元、吳鴻昌分任北伐第一、二軍軍長，吳金彪為江西留守總司令，聲言出師北伐。第一軍第一支隊當即由南昌開向九江，並抵達南京。[75]後因復辟失敗，江西北伐動作亦告停止。

　　江西人激烈反對張勳復辟，還有一個特殊的原因，這就是張

73　《反對復辟之贛聞》，《申報》，1917 年 7 月 9 日。江西這次戒嚴時間相當長，據陳光遠電所稱，到 1919 年秋尚未解除：「查江西繫於民國六年 7 月 3 日由李督軍宣告，以全省為警備地域，實行臨時戒嚴在案。嗣因軍事繼起，江西為接戰地域，賡續執行戒嚴。大局迄今未定，本省仍在密備期中，故未解除。」《陳光遠關於贛省仍實行臨時戒嚴電》，1919 年 8 月 28 日。

74　《江西省議會議長任壽棋反對復辟通電》，1917 年 7 月 3 日。

75　《贛省北伐隊出發之第一聲》，《贛省之北伐軍與省會》，《申報》1917 年 7 月 11 日、20 日。

動及其復辟活動的部分骨幹分子，原籍江西。張勳是奉新人，其與謀活動者還有一部分江西籍人，如劉廷琛、萬繩栻、葉椿泰、魏元曠、李其光等。其中劉廷琛是九江人，復辟時任七名內閣議政大臣之一，地位顯要；萬繩栻是南昌人，復辟時也被任為內閣閣臣。據《復辟紀實》記載，江西人感到他們丟了家鄉的臉，所以特別憤怒，「報館張目大罵」，譴責張勳、萬繩栻為復辟之「禍胎」。萬繩栻的家屬難犯眾怒，嚇得從南昌逃走。劉廷琛則被九江人「無不唾罵其甘心從逆」，其父親亦「以不堪眾矢之集，舉家避去」[76]。張勳在奉新的家產，也被李純派人查抄，悉數充公。

七月十二日，自任討逆軍總司令的段祺瑞率兵攻入北京。張勳逃入荷蘭使館，溥儀再次退位。張勳復辟歷時十二天即告失敗。八月十三日，李純通電全國，稱復辟事態已經平息，江西取消自立。[77]

張勳復辟是繼袁世凱稱帝之後，封建勢力對時代潮流和民主共和政體的又一次反動。在這一次反對復辟的鬥爭中，江西人民堅定地維護民主共和政體、反對恢復封建帝制的可貴精神，再次得到充分的展示。江西當局雖然在動因上不完全與人民一致（例如張勳不屬於北洋嫡系及幾個派系，在他趕走黎元洪、黎讓馮國

---

76 轉引自《中國近代史》編寫組：《中國近代史》，中華書局 1983 年版，第 460 頁。

77 《江西省志・江西省大事記》，第 161 頁。

璋代總統後，直、皖兩系聯手反張，江西李純屬於馮國璋直系系統，故必然取一致行動），但其反對張勳復辟的言行，也是應該肯定的。張勳復辟的失敗，產生了另一個與江西有直接關聯的結果，這就是徹底終結了江西舊官僚士大夫們重返中央權力中樞的幻夢。有論者指出，作為一個江西人，張勳之死也結束了江西舊官僚們許多不切實際的夢想。張勳復辟隊伍中有一部分江西骨幹分子，如劉廷琛、萬繩栻、葉椿泰、魏元曠、李其光等。胡思敬在《國聞備乘》中曾經抱怨江西人在陳孚恩（肅順死黨、軍機大臣兼戶部尚書）之後，再也沒有出現重要的政治人物，因而極力鼓吹張勳復辟，並且再三向辮帥推薦劉廷琛、魏元曠等參與機密。李其光致信辮帥重複胡在《國聞備乘》中的觀點，認為「清待贛人薄，贛人報獨厚」。但是，從北京宣武門外江西會館發起的復辟，並沒有給江西官僚系統創造一個驚奇運數，遺老們最後一線希望也因此而破滅。劉、葉客死他鄉，萬繩栻一直追隨溥儀復辟逆流到東北建立「滿洲帝國」，更多的遺老則是蟄伏山林，抑鬱而終。[78]

78　龔汝富：《張勳之死》，《書屋》2004 年第 11 期。

第三節 ▶ 自治運動的興起與軍閥的亂政

一 北軍的前線

馮國璋就任總統後，任命李純接任其江蘇督軍職務，北洋軍第十二師師長陳光遠繼李純任江西督軍。一九一七年九月三日，陳光遠[79]率部抵達南昌就職。江西省長仍由戚揚擔任，但新任命了財政、實業和教育廳長（分別為王荃本、夏同和、許壽裳），組成了新的省政府。由此，開始了陳光遠對江西為期近五年的當政。

陳光遠就職之際，正是孫中山聯合西南軍閥力量，在廣州舉起「護法」（指維護繼袁世凱之後復被北洋軍閥廢棄的民國元年的《臨時約法》）旗幟，舉兵北伐，發動護法戰爭之時。北洋軍閥段祺瑞以「武力統一」為名，調集大批軍隊（簡稱北軍）南下防阻護法軍（又稱南軍），爆發了護法戰爭。江西與湖南位處南北兩方的接戰之地，戰爭以湖南為主要戰場，江西贛南為次要戰場，贛中、贛北、贛西及湖北則成為北軍的兵運通道。全省一時大軍云集，如何應對戰爭和在境、過境客軍，成為陳光遠督贛的

79　陳光遠（1873-1939 年），天沖武清人。畢業於天沖武備學堂，入袁世凱部北洋軍，任隊官、總務處總辦、協統。 1911 年率部到武漢參加鎮壓辛亥革命，升第四鎮統制。1915 年任陸軍第十二師師長，兼京津警備副司令。擔任江西督軍後，繼續維護「長江三督「地方軍事勢力，是直系軍閥在地力的正要督軍之一。 1920 年實授陸軍上將銜。1922 年 6 月，北京政府批准其辭職，並明令廢除江西督軍，遂成為全國廢除督軍職務的第一人。後在天津經商。

一個主要問題。

這時，北洋直系與皖系軍閥之間的矛盾已趨加劇。直系不願為主戰的皖系打頭陣，遂高唱起主和的論調。一九一七年十一月十八日，陳光遠與直隸、湖北、江蘇督軍曹錕、王占元、李純聯名通電北京政府及西南各省，籲請撤兵停戰、和平解決。四省督軍的通電以為四億人民請命、拯救國家之危難為闡發點，寫得相當感人，如所述財政問題：「民國財政之窘，殆為亙古所無，政府之債台日高，各省之庫儲早盡。一日興師之費，中產破及萬家。千里哄斗之場，民業毀於俄頃。迨夫上下交困，晨夕難支，內無以給軍需，則議潰而變興；外無以償債款，則監督而權去矣。非乞貸而更增國家之擔負，即搜括而重甚國民之窮愁，勢所必然。」[80]這一通電，將北洋軍閥的內部矛盾公諸社會。一九一八年初，為直系首領、時任大總統的馮國璋所倚重的長江三督軍，即江蘇李純、江西陳光遠、湖北王占元，堅決支持馮國璋的主和主張，反對皖系首領、時任國務總理的段祺瑞的主戰主張，進一步形成三省聯盟，達成四項聯合條件：「一、北軍南行者，堅拒不許過漢口、浦口；二、蘇、贛、鄂有急時，同一動作；三、蘇、贛、鄂遇事聯防；四、海軍第二艦隊餉款，由蘇、贛、鄂共同擔任。以上四條，皆由三督親筆簽字。」[81]長江三督的行

---

80 《曹錫、王占元、陳光遠、李純冊和南北之通電》，轉引自《中華民國史事紀要》1917 年 11 月 18 日。曹錕後申明他對該通電並未與聞。
81 《徐樹錚告皖系各督軍電》，轉引自《中華民國史事紀要》1918 年 2 月 2 日。

動，在當時影響很大，但最終受到北京政府的制約。一九一八年二月五日，北京政府因南軍攻占湖南岳陽，以江西督軍陳光遠不理迭電進援之令，「託故延緩，致誤湘局」的罪名，褫奪其上將銜陸軍中將軍銜，保留督軍本職[82]。陳光遠則於十日電請辭職，而仍堅持南北和平主張，強調本人力主南北和睦，不興兵戎，「此心此志，天人共鑑」；明確指責討伐南方的命令「非我大總統之素衷，實主戰派之強要」，要求北京政府「收回戰令，派員議和」[83]。在此前幾日，孫中山大元帥也派出江西籍參議鄧惟賢「回贛聯絡贛督，助我義師」[84]。由此可見，陳光遠當時所持的是比較鮮明的主和反戰立場。這種立場，固然源於其維護直系集團以及江西地方利益的考慮，但在主戰派勢力強大的當時，客觀上也有利於南方軍政府。

　　一九一八年初，北京政府頒佈對南方的討伐令後，續遣大軍南下。陳光遠在強大壓力之下，被迫同意對南方用兵和大軍過境。隨之，「鄂贛兩省，重兵已集」。先後進入江西境內的軍隊主要有：第二路總司令、湘贛檢閱使張懷芝率領的山東等地部隊，奉命「協助贛防」及助攻湖南，二月入贛，其中魯軍第一師（師長施從濱）、陸軍第六旅（旅長張宗昌）兩部駐九江、南昌、銅鼓，協攻湖南瀏陽；李傳業、張之傑部駐萍鄉，協攻湖南醴

82　北京《政府公報》，第 734 號，1918 年 2 月 6 日。
83　《江西督軍陳光遠請求議和與辭職電》，1918 年 2 月 10 日。
84　轉引自《中華民國史事紀要》1918 年 1 月 27 日。

陵。皖軍奉命入贛援湘,派安武軍馬聯甲師入贛,先駐宜春,後下贛州,又駐樟樹。蘇軍調贛協防廣東,派第十九師師長率一個混成旅駐紮吉安、萬安一帶,長達三年。[85]由於重兵集結境內,致使江西財政支付的軍費、雜費浩繁沉重,江西省政府財政枯竭,被迫從一九一八年四月起,停發行政、司法、教育、實業各界職官薪俸兩個月,並將軍餉搭放軍用票二成發放。特別是五月間第二路軍援湘作戰失敗,潰兵擁回江西,「竄至袁州者,安武軍為多,第一師次之,及其他少數各軍……間有分途竄赴南昌者約千餘人」[86]。這些都加重了江西人民的負擔,破壞了社會秩序,因而「民情洶洶」,引起強烈的民憤。各入贛軍隊,到一九一九年初因南北停戰議和後,才逐步撤出江西。

江西為數不多的軍隊也被投入對南方的戰爭。按照段祺瑞及陸軍部要求贛軍「援粵」即防堵並出擊廣東護法軍、奪取南雄、韶關的命令,陳光遠於一九一八年四月將集中在贛南的兩個旅投入行動,任命第二旅旅長丁效蘭為援粵司令,第九旅旅長王餘慶為副司令,贛南鎮守使吳鴻昌為後路總指揮,「迅出庾嶺,力下南雄」[87]。贛軍進攻南雄,遇到護法軍兩個混成旅的頑強抵抗,雙方激戰七晝夜,至三十日才在付出重大傷亡後,將南雄攻

85　《齊燮元為蘇軍調贛協防「援粵」請獎有功人員呈》(1920 年 12 月 20 日),中國第二歷史檔案館、雲南省檔案館編《中華民國史檔案資料叢刊:護法運動》,檔案出版社 1993 年版,第 940-941 頁。

86　《徐鴻賓報告收容潰退袁州敗兵情形密電》(1918 年 5 月 11 日),《護法運動》,第 879-880 頁。

87　《陳光遠為援粵市致陸軍部電》,1918 年 4 月 7 日。

克。[88]北京政府因該戰勝利，乃將陳光遠被褫上將銜陸軍中將軍銜恢復。南雄為入粵咽喉，該地不守，粵局危急，故護法軍當即以重兵增援，贛軍不敵，於六月上旬退守大庚（即今大余）。年底南北停戰後，贛軍在贛南撤防，分散駐守。

二 自治運動的高漲

　　戰爭給江西人民帶來沉重的損傷。境內駐紮的北洋軍隊既多且雜，社會擾亂不安；江西財政支出浩繁，庫空如洗，而軍政當局為應付軍費支出及中飽私囊，極盡搜括之能事，舉凡鹽斤加價，丁漕加征，統稅投標，以及濫發金庫證券、軍用鈔票、縣知事保證金、長短期公債等，「種種取盈諸法，無不嘗試」[89]。江西人民在蠻兵貪官的交相盤剝下，深受苦難，對督軍陳光遠、省長戚揚的憤怒不滿之聲，逐日高漲。因此，當一九二〇年夏湖南趕走督軍張敬堯、率先發動自治運動之時，江西旅京、旅滬同鄉會及省內各界也立即行動，將此前提出的彈劾省長、「贛人治贛」要求，推向沸騰一時的自治運動。

　　江西的自治運動首發於北京。一九二〇年十月，旅京贛人同鄉會在歡迎江西省議會參觀團的聚會上，首先提出在軍閥掌操大政下，江西前途的改善，「非屬行地方自治必遭致不可收拾之

88　《陳光遠報告北軍攻占南雄經過情形密電》，1918 年 4 月 30 日。
89　呂芳上：《民國初年的江西省議會，1912-1924》，台北《中央研究院近代史研究所集刊》第 18 期（1989 年 6 月）。

患」。同鄉會隨即發表《哀告江西同胞文》，指出近月以來，國民自決奮鬥而起，湘人治湘，粵人治粵，已成明確之事實。江西因深居內地，素稱閉塞，「土地、人民、財富，不亞於湘粵蘇鄂四省，而民氣則不及」，故而應「當頭一棒，打醒夢人，乘機應時，亟圖自立」。文中號召「江西同胞紳界、學界、商界、農界、工界、議論界，同心敵愾，一致進行，應良好之機會，振自決之精神，一息尚存，不容稍懈」[90]。旅京贛人的號召，得到旅滬贛人的聲援，並立即在省內引起巨大的反響。

江西自治運動的一個主要目標仍是驅逐省長戚揚。戚揚（1861-1945 年），浙江紹興人。自一九一三年二次革命後到贛任內務司長，次年升巡按使（相當於省長），到一九二一年去職，主持贛政長達八年。其人政治手腕高強，用人行政多門生故舊，喜濫借外債，結托軍閥以自固，故為人訾議[91]。在這次驅戚行動之前，即曾三次遭到查劾：第一次是一九一六年十二月，經眾議員羅家衡等提案，由國務院派員查辦，次年三月被免予置議。第二次是一九一七年五月，江西省議會通過議員楊賡笙提出的《彈劾省長戚揚案》，該案列舉其敗壞吏治，紊亂財政，濫用私人，蹂躪司法，草菅人命，侵吞公款，蔑視議會等八條罪狀。省議會將此案通電北京政府，要求查辦，但被擱置並令維持其職務。第

90　《贛人自治前途》、《贛人運動自治之進行》，上海《時報》1920 年 10 月 20 日、30 日轉引自胡春惠《民初的地方主義與聯省自治》，第 277-278 頁。

91　呂芳上：《民國初年的江西省議會，1912-1924》。

三次在一九一九年七月，省議會以戚揚妄用非人、行政淆混等，又一次提出彈劾案，認為戚揚不宜再任省長，並進而提出了「贛人治贛」的主張。到九月，更有議員姜伯彰、鄒恩沛、盧常等分別提出 3 個彈劾案，揭露戚揚的上述不端行為。[92]北京政府這一次較為重視，初擬改任丁乃揚為江西省長。但消息傳出，又引起江西人的反對。他們當即以「江西各界聯合公民會」和「南昌公民大會」名義，分電北京政府，指出丁乃揚在前清時為官江西，聲名狼藉，用其長贛，是「安福系不顧大局、位置已黨之私意」，江西公民等決不承認，「務懇萬勿頒佈，以順輿情」[93]。這樣，戚揚便依然得以留任。

自治運動興起後，形成一股強大氣勢，促使情況發生了大的改變。一九二〇年十一月六日，江蘇、湖北、江西、四川等各省區代表，聚集於北京江西會館，召開自治聯合大會，正式成立了各省自治聯合會。[94]十二月一日，省議會議員邱玉麟提出江西實行地方自治案，認為地方自治既可銳意振興各地實業、教育諸端，也能擁護中央、一致對外，提請省議會電請中央要求實行地方自治。陳祖詒議員進一步提議由議會組織一起草委員會，正式起草江西省自治法案。這表明，江西自治運動，一開始也曾越出單純針對省長個人的政爭範圍，提出了關於改變地方行政體制特

92　《江西省志·江西省大事記》第 660、668 頁；呂芳上：《民國初年的江西省議會，1912-1924》。

93　兩電見《中華民國史事紀要》，1917 年 7 月 21 日。

94　《東方雜誌》，第 17 卷第 23 號，第 136 頁。

第一章·北洋江西政權的建立與演變

085

別是制定地方自治法律法規的要求。

但是，其後議會發生的分歧使自治運動在內容和目標上發生後退。在省議員中，對自治問題很快形成兩派對立的意見，一派極力主張自治，另一派則堅決反對。[95]由於兩派爭執不下，自治派隨即改變策略，轉向訴諸社會和民選省長問題。十七日，議長龍欽海出面邀集各界人士數百人討論，首由議員歐陽魁演說江西實行地方自治實不可緩的四條理由，特別強調贛省人民每年負擔稅捐一千多萬元，但政府用於地方實業和教育建設的僅數十萬元，因此自治之事實不可不爭。各界討論後在實行自治問題上達成共識。自治派乘勢出擊，在次日的議會會議上，邱玉麟等提出《省長民選應規定選舉法案》，獲得通過。盧常繼之提出彈劾戚揚案，當時「旁聽者掌聲大作助勢，初讀通過，戶外叫『江西萬歲』之聲震天，接著二讀付表決，議員復迫於形勢，有『勉強起立，且有僅呵一呵腰者，亦有略將身子一抬便又坐下者』，八十三人中起立贊成者同勉強呵腰者七十二人，隨又付三讀表決，贊成原案通過者七十一人，彈劾案霎時宣告通過。二十日彈劾文呈送內務部轉提國務會議懲辦」[96]。

自治案和彈劾案的通過，招來意料不到的強烈反應。支持者眾，反對者也不弱，陳光遠、戚揚、北京政府以及擁戚議員，各從其利害關係出發表述其反對立場，陳光遠甚至派出軍警彈壓議

95　胡春惠：《民初的地方主義與聯省自治》，第 281 頁。
96　呂芳上：《民國初年的江西省議會，1912-1924》。

會，導致議會憤而宣告休會，並發表宣言表示戚揚一日不去職，則同人一日不能出席會議，「寧甘解散，羞與戚揚相見於吾贛政治舞台之上」。至此，雙方鬥爭趨於白熱化。最後，在公團和輿論的壓力下，戚揚不得不在一九二一年二月悄然去職。戚的去職，是江西自治運動的一個主要成果。

自治運動是當時風靡南方及至全國的一件大事，其主流是在民主共和理念下，地方省區反對北洋軍閥軍事統治的民主鬥爭。江西的自治運動，是這場鬥爭的一個組成部分，也是地方「聯省自治」對抗北洋軍閥「武力統一」浪潮中的一朵浪花。江西民眾在自治運動中，表現出了一定的自強自立精神，值得充分給予肯定。這個運動，在一九二二年及其後也仍有微波。但江西自治運動從整體上說是不成功的。首先，將運動的目標鎖定在驅戚和「贛人治贛」上，太過侷限，且後者也嫌模糊和狹隘，並不適宜於作為自治的政綱性主張。其次，自治所要求的地方制憲、體制設置和綱領目標等根本性內容，在地方當局的壓制下，無一形成條文，更談不上實現（1921 年 6 月省議會一度召開省憲會議，但並未像浙江那樣催生出一部省憲）。戚揚去後，江西仍然處在北洋軍閥的統治之下。有論者指出，江西自治運動的不成功，其因在於既缺少湖南那樣的中堅勢力，也缺乏浙江那樣的地方士紳的號召力量，更重要的是也沒有湖南那樣左右逢源的好環境，而是遭逢北洋將領陳光遠和張宗昌部的大軍壓境和爭糧爭餉的衝突，以及南北對抗中時來時往的斷斷續續戰爭。此外，「領導贛省自治運動者意見紛紛，不能團結，不能形成一個堅強的領導核

心，也是一個重要的因素」[97]。

三　軍閥亂政與民眾的反陳倒蔡鬥爭

1. 南軍攻占贛南與陳光遠去職

在北洋軍閥連續不斷的混戰中，江西始終屬於直系集團的勢力範圍。贛督陳光遠一面竭力表達對全國大局的意見，一面力避外軍過境或在境內交戰。一九一九年三月，他加入了以直系為核心的八省反段（祺瑞）聯盟，與長江數省及中原腹地聯成一體。在次年七月的直皖戰爭中，江西不是交戰之區，陳光遠部主要擔任防止皖系的福建軍隊「侵贛」及加入湘鄂贛豫四省援直聯軍，實際無甚動作，只是強行遣散了被逐湘督張敬堯潰逃入贛的兩個團。一九二一年又將流竄並擾亂宜春等地的魯軍張宗昌部包圍繳械，張宗昌倉皇逃往北京。一九二二年四月第一次直奉戰爭時，他則主要是與幾個人一起充當調和角色。因此，這幾年，江西地域上基本上沒有發生大的戰事。但一九二二年五月孫中山發動的第一次北伐，改變了這種局面，也改變了陳光遠的命運。

孫中山在廣東重建革命政府後，再舉護法旗幟，出師討伐北洋軍閥，一九二二年二月發起又一次北伐行動（史稱第一次北伐）。在進攻湖南計劃受挫後，孫中山改變進攻方向，決定「出師江西」，設大本營於韶關，集中朱培德為總司令的滇軍、彭程萬為總司令的贛軍、谷正倫為總司令的黔軍和許崇智、李福林所

97　胡春惠：《民初的地方主義與聯省自治》，第 282-283 頁。

部粵軍（總司令為陳炯明），由大本營參謀長李烈鈞指揮出擊贛南。五月六日，孫中山在韶關誓師，發出總攻擊令，分兵進攻江西。其中一路由大庾、南康、信豐，一路經尋鄔（即今尋烏）、會昌、雩都（即今於都），進軍贛州。南軍進軍，「全贛震動」。江西督軍陳光遠一面向北京政府緊急求援，一面集中周蔭人師三個旅二萬餘人，由贛南鎮守使岳兆麟指揮堅守贛州。南軍以粵軍第二軍許崇智部、第一軍梁鴻楷師李福林部從城東進攻贛州，與北軍激戰於樓梯嶺一帶；以滇軍朱培德部從城西進攻贛州，與北軍在贛州南康邊境的朱家村發生戰鬥；以贛軍彭程萬率第一旅李明揚、第二旅賴世璜以及胡謙所部別動隊、余維謙所部先遣隊、賴天球所部游擊隊分頭接應。雙方相持十多天，「聲震山岳。北軍節節敗退，紀律遂弛，遠近居民多遭蹂躪」。五月十五日，贛州紳商和學界「僉以兩軍對峙，死傷必多，為避免塗炭生靈計，分向雙方請求停戰」。[98]這一提議正合北軍之意，南軍朱培德則允准停戰二十四小時，限令北軍撤退，否則繼續進攻。十八日晨，北軍自動退出贛州城，南軍入城，委派劉景烈為贛縣知事，並組設縣議會，以張周坦、謝溥泉為正副議長，實行軍民分治，秩序漸定。南軍乘勝前進，占領遂川、吉安等地，孫中山還於六月三日任命江西人謝遠涵為江西省長，在全國引起很大的震動。但隨後因陳炯明在廣東發動叛亂，進入江西的南軍於七月奉命回

98　民國《贛縣新志稿》，1946 年印行，第 13 頁；另見《李烈鈞文集》第735-737 頁、834-835 頁。

第一章・北洋江西政權的建立與演變

師平叛，撤出江西，吉安、贛州重為北軍所占。廣東革命政府的這一次北伐，遂告結束。

在南軍攻贛之時，省內外的江西人反對陳光遠的鬥爭也形成高潮。

在一九二〇年的自治運動高潮中，江西人沒有把鬥爭矛頭指向陳光遠，故陳光遠並未受到什麼衝擊。這一次形成激烈的反陳態勢，除了有李烈鈞勝利進軍的外部原因，陳光遠所做的兩件事也成了直接的導火線。一是，陳在省長問題上排趙用楊。一九二一年二月，北京政府接受「贛人治贛」的要求，任命江西人趙從蕃繼任省長。但趙受到陳光遠的排拒，在赴任抵達九江時，因陳不讓其進南昌，被迫託病折返上海，無法上任。五月，北京政府依從陳光遠的舉薦，改派楊慶鋆署理省長。楊是直隸棗強縣人，曾任山東濟南道尹。江西人剛剛為「贛人治贛」主張呼號半年，才達到驅逐戚揚的目標，又來一楊慶鋆，遂堅決反對該任命，並分別要求趙從蕃仍速赴任、省議會與楊斷絕關係。[99]但在陳光遠的強力衛護下，楊安然到贛任職，直到次年六月陳光遠潛離南昌時才被迫辭職。二是，陳為準備戰事加征、追征債款。一九二一年十月六日，陳在廣東北伐聲浪頻傳情況下，指使江西財政會議以財政入不敷出、積成巨虧為名，向全省各地丁漕項下攤派「金融善後借款」，規定從當天起到一九二七年底，每地丁一兩帶徵銀元三角，米折一石帶徵銀元五角；無論新賦還是舊欠，一律帶

---

99 電文見《中華民國史事紀要》，1921 年 5 月 14 日。

徵。**100**這是一次在此前濫發金庫證券、長短期公債、九九商捐、食鹽加價、一五統稅、縣知事保證金以外的新的特重苛捐**101**，於人民生計影響極大。

因此，陳光遠引起江西民眾的痛恨。在南軍入贛後，江西各公團迭發文電，「宣佈罪狀」；江西旅京同鄉會、旅京江西自治會也通電全國，控訴陳之逆行。這些文電宣稱，「陳光遠禍贛之罪，擢髮難數，贛人誓不與之偕存」；「惟我贛民，苦陳久矣。彼陳氏犬馬我士庶，囊括我脂膏，借國軍之積威，行盜賊所未忍，貪贓殘逞，罄竹難書……就公理以談事實，陳光遠罪貫惡盈，當無久存之理。」**102**至此，陳光遠已難以再維持其統治。隨著贛南戰事的失敗，陳向北京政府自請辭去江西督軍職務，並在南軍占領吉安之時，棄眾逃亡，與其弟陳光達潛離江西。陳光遠在江西為期五年的統治，遂告結束。

100 《東方雜誌》，第 18 卷，第 202 號，第 131 頁。
101 據討賊軍贛軍第二旅旅長賴世璜 1922 年 4 月 29 日所發《敬告江西父老兄弟》載，陳光遠、楊慶鋆用種種方法搜括民財，濫發金庫證券八九百萬元，長期公債八百萬元，短期公債二百餘萬元，續收九九商捐每年約六十萬元，食鹽每斤加洋七角，縣知事保證金每人一至三千元不等。陳還將錢財匯往天津老家。另據李烈鈞特使孫紹康 1922 年 4 月 15 日《泣告同鄉父老書》載，陳光遠督贛 6 年，「聞其貪婪不下五千萬」。因上文發表於戰爭期間，故具體數字是否準確，尚待進一步考證。
102 《江西旅京同鄉會要求直豫鄂蘇皖等省嚴守中立通電》，《旅京江西自治會呈北京政府及曹錕吳佩孚電》，轉引自《中華民國史事紀要》，1922 年 5 月 27 日。

2. 蔡成勳的亂政與民眾的反抗

在陳光遠呼請北京增援後，直系首領曹錕命駐內蒙的陸軍第一師師長蔡成勳率所部及河南常德盛暫編第一師、綏遠第一混成旅等南下援贛，並令桂系殘部沈鴻英由湖南進入江西助戰。六月十三日，蔡成勳[103]抵達南昌。十五日，北京政府批准陳光遠及省長楊慶鋆辭職，任命蔡成勳節制江西全省軍事，承認孫中山對江西省長的任命，任謝遠涵為江西省長；十七日，下令裁撤江西督軍一職，在謝遠涵未到前由何剛德暫行護理省長，併負責辦理結束督軍署事宜。江西是在當時「廢督裁兵」浪潮中，第一個被廢除督軍一職的省份。

蔡成勳入昌即入住原督軍署，擺出「搶督」江西的架式。升任陳光遠原十二師旅長周蔭人為該師師長，張林為第三混成旅旅長，方本仁接替張之傑任贛南鎮守使，並派周蔭人、常德盛、沈鴻英各部分駐贛南、贛西和贛東等地。省城南昌戒嚴司令一席，則派其胞弟蔡用勳（曾任綏遠騎兵團團長）充當。由此，建立起他的以軍事控製為支撐的政治統制。

儘管李純、陳光遠也是軍人督贛，但蔡成勳的軍閥作風更為突出。他不講法度，不講規則，也不顧及上至中央政府、下到平民百姓的感受與反應，獨斷專行，肆意亂政，致使江西政局長期

---

103 蔡成勳（1871-1946 年），字虎臣，天津人。1900 年畢業於北洋武備學堂。後追隨徐世昌，歷任近畿督練處參議官，浙江第四十一混成協協統，總統府侍從官，陸軍第一師第一旅旅長，1914 年升師長，後兼任綏遠都統等。 1924 年底在江西兵敗逃回天津，在老家閒居而終。

處於緊張狀態，也使得他在江西的三年中，一直處在江西民眾的激烈抗拒之中。

第一，拒絕中央委任的官員到任，並搶占省長職位。

為了防止有經驗的行政官員對其獨占江西構成威脅，蔡成勳在到江西的同時，立即下令阻擋北京政府任命的調和代表歐陽武、徐元誥、劉啟垣、程守箴等進入南昌，逼迫他們到九江後返回北京。緊接著，相繼拒絕北京政府任命並受到江西人歡迎的江西財政廳長文群、教育廳長朱念祖、實業廳長盧建侯、権運局長尹朝楨、電政監督沈璋等來贛就任（大多在他們南下到達九江時實行攔阻，迫其返京，個別的到南昌後也不讓履職視事），而擅自委任財政、教育廳長等省政府主要人員。蔡的行為引起江西人的憤慨，北京政府教育部等也十分驚詫並發電指責。蔡因有徐世昌、曹錕為靠山，有恃無恐，不僅不予理會，反進而將手伸向省長位置。首先，他對護理省長何剛德連施掣肘，致使在任僅兩個月的何剛德於八月二十二日向北京電請辭職（9 月 17 日被迫離職）。九月二日，北京政府正式任命蔡成勳督理江西善後軍務（簡稱督理，是廢除督軍稱呼後對各省軍事長官的通稱），蔡隨即網羅親信，在督理署內專設一個「江西善後討論會」，以李廷玉為會長，宣佈六條善後辦法[104]，意圖改變人民的觀感。十七

---

104 六條善後辦法為：一、招集流亡，使複本業。二、調查災黎，會籌賑撫。三，維持教育，期回原狀。四、注重實業，以厚民生。五、保護外人，以重交際。六，舉辦清鄉，以絕匪根。善後討論會內設立文牘、調查、交際、編輯、會計等 5 股，並發佈了由 18 條內容構成的

日，蔡、李偽造民意，上演一幕自任省長的醜劇。先由蔡向北京保薦李廷玉為省長，李則在北京政府並未表態時即通電接印視事。不料此舉遭到江西民眾的激烈反對，北京政府也不贊成，來電要求蔡成勳遵守中央政令，不能驟於變更，並告訴他已經電促省長謝遠涵赴任。謝遠涵也當即在北京表示，將尊重中央命令和江西民意，返省赴任。豈料蔡成勳竟於二十八日公然發出通電，拒絕謝遠涵就任。面對這種局面，李廷玉不敢觸犯眾怒，於十月四日將省長印信送交蔡成勳，並致電北京政府通報此事[105]。蔡成勳則在接過印信的當天，致電北京政府，宣佈「自行兼職」，即由他自己兼任江西省長。同時鼓動江西的四個鎮守使、六個旅長等一百一十六名軍官聯名通電，拒絕謝遠涵出任江西省長。蔡成勳的顢頇行為，讓北京政府也很難堪，猶疑良久，終不敢輕予應允。一九二三年三月二十三日，北京政府令江西省長謝遠涵開缺（另特派為江西全省官礦督辦），特任徐元誥為江西省長，徐未到任以前，由陶家瑤署理。[106]但這一任命仍受到蔡的刁難，不久

會雄，儼然是一個省政府機構（詳見《中華民國史事紀要》，1922 年 9 月 2 日）。該會 1923 年 5 月因會長李廷玉去職離贛而自行解散。

105 《李廷玉致北京政府卸省長事電》（1922 年 10 月 4 日，原載《順天時報》1922 年 10 月 7 日），《中華民國史事紀要》，1922 年 10 月 4 日。

106 北京《政府公報》，第 2526 號，1923 年 3 月 24 日。徐元誥（1876-1955 年），字寒松，江西吉水縣人。清末江西高等學堂畢業，留學日本中央大學，加入中國同盟會。回國後在南昌創辦江西法政專門學堂。參加辛亥革命和二次革命。與孫中山、李烈鈞關係密切。歷任江西司法司司長，上海道尹，廣東大元帥府秘書長。1923 年所任江西省長因蔡成勳阻攔未能到任。南京國民政府時期曾任立法院委員。抗戰

曹錕賄選總統成功，即於十二月十一日，下令將江西省長徐元誥、署江西省長陶家瑤開缺，特任蔡成勳兼署江西省長。[107]至此，歷時一年多的省長職務之爭，以蔡成勳終於達到自兼的目的才告結束。

第二，截留稅款，勒民種煙，搜括民財。

蔡成勳到贛之初，客觀上面臨著龐大的軍費的壓力，一些部隊在吉安、九江等地確也發生鬧餉兵變、搶劫地方的事情。但是，他解決龐大軍費的辦法，不是減少駐軍和向中央請援，而是加害於地方。他先是將江西鹽款儘數截走，並向每一縣署派去一個連長，用武力提取該縣收入。繼而下令清理一九一七年以來各地所欠丁漕稅款，不問豐歉如何，限令清還。「又下令延期償還銀行借款，停發所有機關經費（極個別除外）；並發放巨額沒有擔保的銀元紙幣和銅元紙幣。」「蔡成勳還公開提倡淫業，從中抽取花捐。規定妓女分四等，頭等每月捐洋八元，二等六元，三等四元，四等兩元。由於政府允許和提倡，南昌市的許多街頭巷尾紛紛掛起了堂名招牌。」[108]據一位蔡成勳當年的部屬記載，「蔡

　　時在上海拒絕汪偽政權的誘勸。新中國成立後任上海文史館專員。著述極豐，主要有《中華大字典》、《辭海》、《國語集解》等。陶家瑤（1871-？）字星如。祖籍浙江紹興，生於南昌。清朝貢生。曾任四川補用道、四川鹽運使、長盧鹽運使。1918 年 8 月，任安福國會參議院議員。1923 年 3 月，署理江西省省長。年底改任九汀商埠瞥辦。1926 年 7 月，任全國水利局總裁。1928 年去職，後寓居上海。

107　北京《政府公報》，第 2782 號，1923 年 12 月 12 日。
108　林頌華撰《蔡成勳》，《江西近現代人物傳稿》，第二輯第 165 頁。

成勳督贛三年多的工夫，沒有留下什麼『德政』可言，相反地做了壞事不少」。其中最為典型的是勒民種煙和廣設鴉片專賣局以掠取煙款。他的一位當時的部屬後來記載說：

禁煙。這個問題分為兩階段。禁煙局成立前，贛省盛產鴉片煙土，大部分由私商販運出境，行銷蘇、浙、湘、鄂、皖等省，同時因為土產質量差，又吸收一部分「廣土」、「閩土」。當時省署藉口煙土充斥，毒害人民，採取三季禁種的措施（春季查苗，夏季複查，秋季查土），但因從事禁種員工從中舞弊，以致名為禁種，實乃不啻放種。至於禁運、禁吸，也都成為營私舞弊的手段。但是儘管省長在禁煙過程中，已經取得了大批罰款和大批賄賂，只因慾壑難填，所以在一九二三年冬又有全省禁煙局的成立。

禁煙局成立後，禁煙總局總辦由督署參謀長王戢武兼充，但他不親手辦事，卻介紹了他的房東朱鶚言（朱是從前江西縣知事裡「四大金剛」之一）。朱本是趨炎附勢的人，藉著住房關係，與參謀長過從逐漸頻繁，終於巴結上禁煙總局裏辦這個美差使。總局設在省城，總局以下設分局、分卡若干處。只因販運土商絡繹不絕於途，所以局卡的設置，星羅棋佈。

禁煙局成立後，禁種的第一炮就打響了。它責令分局督同各鄉保長勒令種戶，先在各分局卡登記，註明要種的畝數，繳納保證金，然後才能種。而各鄉保長尤必須出具連坐甘結，以杜「私種」之弊。這樣就成了古詩上所說的：「任是深山最深處，也應無計避征苗。」第二炮，總局印製大批印花稅票，不論是本地煙

土，還是外來的煙土，一律必須黏貼印花，以免偷漏，否則就是私貨，照章予以沒收。任何走私販子要想繞過局卡，那是很不容易做到的。因為總局在各分局、卡境內和窮鄉僻壤之間，派有川流不息晝夜輪查的緝私人員，堵截私運。總局的第三炮，就是改私煙館為官煙館，開燈供客，按燈派土，按土抽稅捐。在重重剝削下，煙膏的價值上升了，可是有嗜好的人又非吸不可。

最後，總局因查獲和充公的煙土日漸增多，為掩人耳目計，曾有多次當眾焚燬煙土之舉。但在焚燬前，經手人早已將煙土替出去了。然後再把替出來的煙土派銷出去，輾轉間煙土變成現金。總之，上述各點，都比未成立禁煙局以前搜刮的更厲害。無論是種的，運的，吸的都逃不出總局所設的天羅地網之中。無怪乎江西人對蔡成勳善於聚斂民財，曾有「天高三尺」之謠。[109]

蔡成勳的種銷鴉片，也引起了當時在華的外國人的注意。據他們的記載：「江西省在過去兩年中已經為鴉片種植和鴉片買賣的普遍潮流所屈服了。過去由鄰近省區輸入的鴉片是以很小的數量祕密出售的，並且只有小規模的種植，但是現在是鼓勵種鴉片了。自從設立了一個鴉片專利的組織以後，凡是能夠出產稻米一

---

109 王偉石：《記江西督理蔡成勳》，天津市政協文史委編《天津文史資料選輯》，第 36 輯，第 137-138 頁。該文作者與蔡成勳的督署參謀長王殿武有同鄉關係，當時經其介紹來贛，歷充江西陸軍軍法處審判官、禁煙總局科長、援浙前敵執法營務處副處長等職，在贛將近 3 年，比較瞭解蔡成勳的情況。

石的土地，都被強徵鴉片稅四元。」[110]蔡成勳通過鼓勵種植鴉片及在各地遍設鴉片專賣局，明禁暗許販賣鴉片、嗎啡、紅白丸等毒品，徵收到豐厚的錢款。

蔡成勳的行為給江西人民帶來巨大的災難。全省人民負擔綦重，財政入不敷出。據調查，「蔡督繼任，連年對粵用兵，軍事費用日益增多。羅掘既窮，苛徵百出，於是復向各銀行錢莊零星息借三百餘萬元」[111]。當時報刊揭露，「蔡成勳寇贛三載，大肆搜括，實計竊去現款五千萬，然猶以為不足……為所欲為，贛民亦任其宰割」[112]。因此，蔡成勳在江西當政的三年中，也一直受到江西人民的激烈反對，而成為民國江西政治中一個很突出的特例。

就在蔡成勳到贛的次月，江西籍國會議員湯漪等十一人即致電曹錕，稱蔡蓄意禍贛誤國，「不特贛省人民所切齒，實為破壞統一之罪魁」。一九二二年八月十七日，江西各團體赴京請願團及旅京同鄉會一百多人到國務院請願，向總統黎元洪提出五條要求，要求迅速解除蔡成勳的職務、所有客軍立即撤出江西，並警告中央如忽視江西的意見，江西人民將自決政務。[113]國務總理因

110　《英文中華年鑑》（1924，第558頁），章有義編《中國近代農業史資料》，第二輯，1912-1927年，三聯書店1957年版，第626頁。

111　吳舫等：《整理江西財政案》（1925年），中國第二歷史檔案館編《善後會議》，檔案出版社1985年版，第359頁。

112　《蔡成勳將被方常逐擊》，上海《民國日報》1924年11月2日。

113　《東方雜誌》，第19卷第18期，第141頁；《順天時報》1922年8月18日、19日；《中華民國史事紀要》，1922年8月17日。

此答應下令查辦。旅京贛人還於九月九日在京成立江西自治促進會，再次發起江西自治號召，宣言非驅逐蔡成勳不足以謀江西之民治及挽救贛省之危局，並在贛人治贛的基礎上，進一步提出「贛賢治贛」的口號。反蔡運動在蔡成勳導演李廷玉出任省長時達到高潮，南昌、九江等地市民、學生於九月十八、十九兩日一同舉行罷工、罷市、罷學，形成震驚全國的「絕大風潮」，致使李廷玉不敢戀位，自動交出省長印信。此後，揭露、控訴蔡成勳多行不義、目無法紀、暴戾恣肆、有如飢鷹餓虎飛行食人之類的電文，要求罷免蔡成勳的呼聲，在當時報紙上屢見不鮮。特別是到 一九二四年，江西人民強烈反對蔡成勳專賣及勒種鴉片，販賣嗎啡、紅白丸等毒品，曾將倒蔡運動再次推向高潮。[114]江西民眾的堅決鬥爭，顯示出為追求民主、捍衛權益而不屈不撓的鬥爭精神，對蔡成勳的統治是一種沉重的打擊，在全國產生了良好的反響。

3. 南軍再次攻贛與方本仁的倒蔡

　　一九二四年九月，北洋軍閥直系發動對皖系的江浙戰爭，由

---

114 這次鬥爭取得了重要的勝利，北京政府不得不下令蔡成勳撤銷設局收取鴉片等毒品費用一事。事見 1924 年 4 月 15 日《國務院致南昌蔡省長密電》：「據江西旅京同鄉會呈稱，贛省假籌餉名義，創設拒毒局，實行招商販賣煙土、嗎啡、紅白丸等毒品，懇請嚴行制止等情，並據該會代表等，率領多人向府、院兩處請願，勢甚憤激。查煙土及各項毒品，迭經嚴令申禁，如照所呈各節，不特貽害地方，且將引起交涉。應請將設局收費一事，即日撤銷，以順輿情，而重煙禁。」（《政府公報》，總第 2901 號，1924 年 4 月 19 日）

直系蘇、皖、贛、閩四省對皖系的浙江督理盧永祥作戰。孫中山當時與奉系張作霖、皖系段祺瑞組成「反直三角聯盟」，為援助浙江而在廣東發動第二次北伐，從粵北進兵江西。贛南、贛中遂再次發生局部戰爭。

廣東建國軍北伐先遣隊總指揮樊鐘秀部九月間率先進攻江西，連續攻占崇義、遂川、萬安、泰和等地，進圍吉安，對蔡成勳構成嚴重威脅。當時，蔡成勳所部第一旅駐石城、寧都等地，常德勝師駐贛東，而以贛南鎮守使方本仁兵力最大，擁有鄧如琢獨立第九旅以及蔣鎮臣、唐福山、楊池生、楊如軒[115]等部數萬之眾。遂由北京政府任命方本仁為贛粵邊防督辦，以蔡成勳部第二旅旅長馮紹閔接任贛南鎮守使，率軍南下增援。南軍樊鐘秀部不敵，退向湘東邊境。十一月初，建國軍北伐總司令譚延闓率部增援，南軍聲勢復震。方本仁原在一九二三年春、夏、冬季及本年夏秋間，曾與陳炯明聯絡，先後四次從贛南攻擊廣東，為孫中山所深惡痛絕，現在他首當南軍鋒芒，竟然打起利用南軍力量取代蔡成勳的主意。十一月六日，方本仁向譚延闓輸誠，聲稱贊助革命，共舉討蔡，被譚委任為贛南督辦，相約合力進攻蔡成勳。

其後，廣東北伐各部在贛南同時並進，九日占領贛州，守軍常德盛等部投向北伐軍。二十一日再克吉安。方本仁則率鄧如

---

115 楊池生、楊如軒原為滇軍朱培德部的團長，在廣東因通敵罪被免職後，於 1924 年 2 月率殘部逃入江西，投靠方本仁，方本仁將其擴編為滇軍第一、第二兩師，3 月由北京政府正式任命兩楊為兩師師長。

琢、唐福山、蔣鎮臣等部北上，先是進攻蔡成勳部，繼而獲悉段祺瑞重新執掌北京政權及李烈鈞即將回贛消息後，背叛與廣東的盟約，於二十五日在吉水反擊廣東北伐的湘軍、滇軍，致使朱培德、宋鶴慶、魯滌平等部敗退待援；同時，發出討蔡通電，繼續在吉安等地攻擊蔡成勳部馮紹閔、王麟慶、張慶昶等，連克峽江、樟樹，進逼南昌。蔡成勳在方本仁、常德盛的進攻下，節節敗退，所屬贛北鎮守使吳金彪、贛西鎮守使岳兆麟均不出手相助。據督署傳出消息，蔡成勳面對進逼，向方、常索要五百萬元現款，「如允，則即刻離贛」。十二月六日，蔡從南昌逃去九江，潛往上海。臨行前將督理、省長印信分別交給岳兆麟、曹本章，所兼陸軍第一師師長交旅長、贛東鎮守使楊以來代理。至此，蔡成勳在江西的統治遂告結束。

九日，方本仁進入南昌，即電段祺瑞輸誠。十四日，段下令免去蔡成勳江西督理職務，並裁撤江西督理一職，特任方本仁暫行督辦江西軍務善後事宜。此前，段已於二日免去蔡的省長職務，令胡思義署理江西省長。江西由此形成方本仁主贛之局。[116]

廣東北伐軍進入贛南、贛中和贛東後，在占領地域建立了一些地方政權。十月六日，孫中山任命孔紹堯為委員長，組建了贛南善後委員會；十一月十七日，任命梁弼群為委員長，組建了贛中善後委員會；十二月三十日，任命潘震亞為委員長，組建了贛

---

116 上述任免命令分見北京《政府公報》第 3135 號，1924 年 12 月 15 日；第 3123 號，1924 年 12 月 3 日。

東善後委員會。委員會直隸於大元帥孫中山，受命辦理該地區一切善後事宜，當前工作重心之一為宣傳孫中山的三民主義及建國大綱；每縣選任委員一名，其「資格為地方聲望素著，或在高等專門大學畢業，或曾任省議會議員，或任縣知事而無劣跡者」，均由孫中山任命。[117]這三個委員會，以贛南開展工作為最好，曾先後選任了贛南九個縣的縣知事，建立了縣一級的政權組織。贛東成立較晚，並無多少實際活動。一九二五年一月初，北伐軍退回廣東後，這些組織也隨之消解。

取得了江西軍政大權的方本仁，不能容忍廣東北伐軍的駐境和京、津等地要求李烈鈞回贛任省長的強烈呼聲。進入南昌後，他即分電段祺瑞和孫中山，要求下令廣東停止北伐，譚延闓指揮的北伐各部立即退出江西。方本仁得到段祺瑞的支持，但遭到孫中山的回電斥責，孫中山並向段推薦李烈鈞為江西省長。十二月下旬，方本仁調動全省軍事力量，分五路對入贛北伐軍進行反攻。北伐各軍不敵，於一九二五年一月上旬退回廣東。孫中山的第二次北伐行動至此失敗。[118]

一九二四年是對江西尤其是人民生活影響巨大的一年。這一年，局部戰爭頻仍，水災嚴重。水災造成南昌城內外「巷行街舟，哀鴻遍野」，城外數十里民房「為水淹沒殆盡」，各堤圩決

---

117 《中華民國史事紀要》，1924 年 10 月 6 日、11 月 17 日、12 月 4 日、12 月 30 日。

118 參見民國《贛縣新志稿》第 13 頁；《江西省志‧江西省大事記》，第 180-182 頁。

口不計其數，僅溫家坊一小地方，在大王廟則淹斃二百二十六人，在北頭則淹斃二百三十一人，房屋沖壞者無算，「白水湯湯，慘不忍睹」。全省「財產之損失，生命之喪亡，刻雖不能統計，然最少總在千萬以上」[119]。戰爭則加劇了人民的負擔和財產損失。報載戰爭即將打響前，「南昌食米、油、鹽及洋貨百物逐日飛漲，物價較戰前上漲至少也在三四倍以上，米價由五元漲至八元」[120]。戰爭發生後，情形就更為惡劣了。

第四節 ▶ 五四與社會改造運動的興起

一　五四運動在江西的展開

1. 運動的第一階段

一九一九年五月四日，北京學生數千人在天安門集會並遊行，抗議帝國主義國家在「巴黎和會」上拒絕中國收回權利、取消日本強加的「二十一」條，並把德國在山東的各種特權全部轉讓給日本的無理行為，要求北京政府「外爭國權，內懲國賊」[121]，

---

119 《贛省水災之賑濟》，上海《民國日報》1924 年 7 月 11 月。

120 《浙軍變動後之贛垣》，《晨報》1924 年 10 月 5 日。

121 「國賊」當時指曹汝霖章宗祥陸宗輿，曹汝霖是經手簽訂「二十一條」的北洋軍閥政府的交通總長；章宗祥時任駐日公使，經手出賣膠濟鐵路經管權、濟順和高徐兩鐵路修築權給日本；陸宗輿時任幣制局總裁，1915 年任駐日公使時曾經手向日本辦理各種借款。三人被時論指為賣國賊。

「拒絕和約簽字」，遭到軍閥當局的鎮壓，學生被捕三十多人。全北京學生立即實行總罷課，並通電全國表示抗議，由此爆發了一場聲勢浩大、席捲全國的五四愛國運動。江西社會各界以學生為先鋒，積極呼應和支持北京學生的愛國行動，迅速、廣泛地在江西掀起了一場波瀾迭起、有聲有色而且持續長久的愛國民主運動。

江西的愛國運動一開始就富有聲勢和特點。北京五四的消息首先傳到九江和南昌，七日起，兩地學生迅即行動，一星期中「屢開祕密會議，各學生所表示之態度，均激昂慷慨，且極堅決。故各校校長及教員一致贊成，加入運動」[122]。十日，南昌各校學生在百花洲集議，急電北京政府，懇請對山東權益據理力爭、萬勿簽字，對被捕學生迅予釋放。十二日，南昌市十七所學校的三千多學生，以江西省學界遊行警告團名義，舉行遊行示威，軍樂前導，每一學生執白布或白紙旗一面，上書「誅賣國賊」、「力爭青島」、「救被捕之北京學生」、「抵制日貨」、「同胞速醒」等，「各校校長及管教員等亦多隨隊前往」[123]。遊行隊伍從皇殿側公共體育場出發，先後到省議會、督軍署、省長公署、教育廳和省總商會請願，學生代表痛切陳詞，表示「我視同生命

---

122 《南昌學生遊街會西訊，可敬可愛之愛國行動》，上海《民國日報》1919 年 5 月 18 日。轉引自中共江西省委黨史荷委會、黨史研究室編《江西黨史資料》第 9 輯《五四愛國運動在江西專輯》，本目資料多引自該專輯，下不另注。

123 《贛學界遊行警告團經過紀》，《申報》1919 年 5 月 17 日。

之青島決不可斷送，我視如蛇蠍之密約決不可存留，我視同神聖之北京學生決不可拘禁」[124]，要求他們致電北京政府，立行救國討賊和釋放北京學生。學生代表「聲淚俱下，聞者動容」，出來接見的督軍陳光遠、省長戚揚及副議長、教育廳長、商會會長等人，均當場答應學生的要求，並分別在當天或次日向北京發出電文。學生們的行動，也得到市民們的支持，「沿途觀者人山人海，而販夫走卒以及婦女老稚莫不感動，甚有見旗幟而下淚，向隊伍而脫帽致敬者。兩旁之商家，均現慼容，無一嬉笑喧嘩者，亦可見贛人之心理矣。……沿途警察保護秩序，極為熱心，亦難得也」[125]。以警告團遊行和請求地方當局出面支持的形式，表達學生的愛國要求，是江西學生在五四運動中的一項創舉。學生們在行動中，顯示出良好的鬥爭策略（感動並取得地方當局的支持）和約束能力（遊行學生秩序整齊，有理有節），造成「壯氣為虹，和歌變徵，興憂風雨，涕已無從」（南昌遊行學生致北京各學校電文）的強烈現場氣氛，因而取得了聲援和宣傳的良好效果，在全國產生了很大的影響，以致於連在上海的外報《大陸報》也報導說：「江西人性質素來保守，今乃有此舉動，殊不容輕視。」[126]

---

124 《江西商學界之愛國思潮》，《申報》1919 年 5 月 19 日。

125 《贛垣學生之愛國運動，全省學生之遊行會》，上海《民國日報》1919 年 5 月 18 日。

126 《南昌學生遊街會西訊，可敬可愛之愛國行動》，上海《民國日報》1919 年 5 月 18 日。

以十二日南昌學生的警告遊行為標誌，江西五四運動同時向深度和廣度全面發展，在很短時間內形成運動的第一個高潮：

一是運動以南昌、九江為中心，波及全省，頓成規模。從十二日起，據不完全統計，贛州、吉安、泰和、萬安、新干、永豐、峽江、吉水、遂川、撫州、南城、宜黃、崇仁、南豐、石城、寧都、上猶、樂安、黎川、上饒、弋陽、波陽、鉛山、萬年、貴溪、景德鎮、都昌、湖口、彭澤、星子、德安、永修、修水、宜春、高安、銅鼓、清江、萍鄉等縣都開展了活動。「可以說，從鄱湖之濱到贛江兩岸，從綿延武夷到幕阜山麓，到處響徹外爭國權內懲國賊的怒吼！」[127]

二是運動以學生為先鋒，但商會、教育會、農會等民眾團體以及作為民意機關的省議會也同時參加，一道行動，形成強大的社會合力。這些團體機關，在五四運動前的幾個月裡，已經多次通電北京，表示反對日本掠奪山東的態度。北京五四消息傳出後，他們立即與江西學生取一致行動。五月八日，九江教育會、總商會即分別緻電北京政府請求拒簽巴黎和約，釋放被捕學生。十日，江西省農會、教育會、南昌總商會均向北京政府發出了同樣內容的電文。十三日，江西省議會亦致電北京政府，轉陳江西要求中央據理力爭、還我山河、釋我學生、一致對外的「民

---

127 陳立明：《五四愛國運動在江西》，載《五四愛國運動在江西專輯》，第 43-44 頁；《江西省志・江西省大事記》，第 165 頁。

意」，請中央「鑑納，以保國土而順輿情」[128]。其後，他們與學生實際上結成為一條戰線，同仇敵愾，形成愛國運動的巨大的整體力量。

三是抵制日貨。江西的愛國運動幾乎一開始就將抵制日貨作為一項主要內容。南昌學生十二日下午遊行結束時，即表示自即日起，各校學生不用日貨，並勸告學生親友提倡國貨。同日，九江各界民眾為抵制日本台灣銀行發行的紙幣，群起兌換現洋，致使日本銀行緊急從南昌調運銀元救急。十四日，南昌市總商會集會討論抵制日貨辦法，通告全市商行商幫和全省各縣鎮商會，不再販運日貨。隨後，南昌、九江等地抵制日貨形成高潮，各行業公會、商幫、商家紛紛響應，江西農校學生集中燒燬本校日貨，省立女師學生程孝芬更是割斷右手中指，血書「提倡國貨，用日貨就是冷血動物」十三字，以至流血過多而昏倒，震動一時。[129]英人《字林西報》所發五月二十日的九江通信，也進一步報導了九江抵制日貨情況：「此間日人汽船營業大壞，只有華客三十人，貨物實可謂全無。船上華人船員，咸有去意。九江排日運動之烈，與上海無殊，傳單到處皆是。」[130]抵制日貨是五四運動中全國各地幾乎共同的做法，是當時被迫採取的一種鬥爭手段，反

---

128 電文原件存第二歷史檔案館，見《五四愛國運動在江西專輯》，第 73 頁。

129 《南昌學生焚燬日貨記》，《程孝芬女士斷指血書，贛省各界大為感動》，分見上海《民國日報》1919 年 5 月 21 日、23 日。

130 《九江愛國潮之西訊》，上海《民國日報》1919 年 5 月 31 日。

映了中國人民對日本帝國主義掠奪的不滿。

四是學生的組織程度和責任意識較高。在成功舉行警告遊行的第二天，南昌各校學生即在百花洲開會，商議組織江西省學生聯合會。當時，北京政府已經釋放被捕學生，但其他問題尚未解決。學生們認為，學生是國家之優秀分子，自當盡其所能，組織團體，做精神上之聯合，以交流知識，並向社會宣傳和提倡愛國精神，使不識字者居多的人民，知國家之可愛和今日之艱難，將愛國鬥爭堅持到底。[131]經過兩星期的籌備，江西學生聯合會於二十五日在南昌正式成立。聯合會以邵祖平、盧任華為正、副幹事長，丁偉、汪宏毅為正、副評議長。在南昌學生醞釀組織團體的同時，九江學生也於二十日籌組聯合會，並於二十五日正式成立。[132]學生聯合會的組織，不但表明學生們的行動有了統一的組織和領導，而且顯示出學生們對宣傳和動員民眾，有一種自覺的責任意識和長遠眼光。

在運動的高潮中，江西還發生了一個小插曲，即民眾反對議員加薪的風潮。五月二十一日，省議會召開祕密會議，議決增加議員薪餉。三十一日，南昌各界發起召開公民臨時大會，推舉代表向省議會質詢。代表們與議會警衛發生衝突，議會會場被搗毀，數名議員受傷。各界公民復推代表面見督軍陳光遠，要求陳

131 《贛垣學生組織聯合會》，上海《民國日報》1919 年 5 月 19 日。該報 24 日、29 日和 31 日對江西學生聯合會的組建作有連續報導。
132 《九江學生聯合會紀事》，上海《民國日報》1919 年 5 月 31 日；《江西省志・江西省大事記》，第 165 頁。

取消議員加薪案，不得要領。六月一日，南昌全市商店宣佈實行罷市後，陳光遠答允取消議員加薪，商店才一齊開市。這場風波，反映了代表民意的議會過於注重自身利益，與民眾的意願發生了嚴重的疏離，因而受到以商民為主體的城市民眾的抵制，致使地方當局也不得不最後向民眾妥協。

2. 運動的第二階段

六月一日，北京政府下令取締學生的一切愛國行動，並為曹、章、陸辯護；又於三、四兩日，逮捕抗議的北京學生八百餘人，激起全國人民的更大憤怒，五四運動進入以工人階級為主力的新階段。江西愛國運動由此進入第二個高潮，特別是九江工人舉行罷工，加入了以上海為中心的中國工人的第一次政治罷工、推動五四運動新發展的行列。

六月四日，江西學生接到由天津轉上海、上海學聯轉江西學聯要求速起援救北京學生的電文。五日，南昌各校學生立即舉行罷課，並通電全國，要求北京政府嚴懲曹、章、陸，取消中日一切密約，釋放被捕學生。南昌總商會繼起聲援，也於十日向北京政府發出要求保全學生、懲辦國賊的通電。在實現釋放學生、罷免曹等三人職務目標後，六月中下旬，江西愛國運動與全國同步，集中到要求拒簽和約上。同時，江西與全國主要是京、津、滬的聯繫，以及與本省各縣的聯繫，更為密切，南昌、九江還派出學生代表，出席了在上海舉行的成立全國學生聯合會的活動。因此，這一階段運動的組織程度更高。

江西這一階段的運動，以九江最為出色。碼頭工人加入鬥爭，形成「三罷」形勢，九江實際成為江西愛國運動的中心，是

這一階段愛國運動的主要特點。六月六日，九江教會學校南偉烈大學率先實行罷課，並向全國發出通電。隨後，罷課學生與其他已提前放假學校的未回家的學生，組成多個救國講演團，在街頭巷尾講演愛國行動，並與北京學生代表張益軒共同動員各公團「一致行動」。[133]十二日，九江商界舉行全城罷市。上海《申報》報導說，九江「此次罷市，商界本早有此意，惟以商情非常渙散，無從提倡，遂致延宕多日。紳界某君等以沿江各埠業已罷市，九江迄無消息，殊為憤慨，適接上海學生來電，當即將原電油印分散各商店，並要求與滬、寧、蘇（州）、揚（州）等處取一致行動，遂有本日結果」[134]。罷市得到學生們的歡迎，九江學生結隊遊行，手持「商界萬歲」、「幸勿暴動」、「抵制日貨」、「堅持到底」等旗幟，「高唱商民萬歲，以表示學生歡迎商家協力援助之意。遊行後，學生們又分段站崗並到各處演說，遇有日本人經過，學生伴隨保護，秩序如常」[135]。這說明，九江學生在運動中顯示出相當高的智慧，即使是在運動高潮中也保持了冷靜和秩序。

---

133 《九江近事》，《申報》1919 年 6 月 14 日。

134 《九江罷市之經過》，《申報》1919 年 6 月 16 日。一說為 6 月 11 日「商會開會決議翌日全城罷市，如有違約營業者，眾議公罰之」，12 日展隨著學生遊行團的活動，全城一律罷市（《九江罷市之別報》，《申報》1919 年 6 月 19 日）。中共九江黨史辦編《九江人民革命史》（2001 年出版）則稱：「愛國商民的罷市風潮也醞釀已久，只因害怕官廳鎮壓，一直按兵未動，在工人階級全體罷工以及學生罷課上街宣傳的影響下，也先後關上店門，實行罷市。」

135 《九江罷市之商訊》，《申報》1919 年 6 月 18 日。

愛國運動同時得到九江工人的聲援。在商界罷市的同一天即十二日，九江各躉船工人、碼頭運輸工人實行罷工，相約定不取輪船貨物，不搬貨物上船。工人們說，現在商界罷市，學界罷課，我等工人何獨無心肝，不為應援？這一說法成為共識，「各工人群以為然」。[136]罷工中，碼頭工人拒絕裝卸貨物，致使到埠的輪船久停江岸或空駛而去。划船工人拒絕運載日本人過江，盧山的轎伕也拒絕抬運日本人上下盧山，致使日本人「感受非常困難」。罷工期間，工人們雖面對「餓肚不開工」的生活困難，但鬥志不改。有美國人往盧山避暑，願出高價請工人搬運二十餘件行李，罷工工人回答說：「我們並不是說先生錢少了不搬，是因為日本人欺我中國太甚，是以我們罷工。」以致美國人不但自己動手搬運行李，而且對中國工人的愛國行為大生感佩，稱讚「中國人熱心甚好，不久即可強國！」[137]學生們敬佩工人的堅決和勇敢，立即喊出了「工界萬歲」的口號。九江工人的罷工，從根本上壯大了愛國運動的力量，形成了五四運動中江西僅有的一處學生罷課、商人罷市、工人罷工的「三罷」鬥爭局面，也是江西五四運動發展到高峰的標誌。

九江「三罷」鬥爭堅持了好幾天[138]，產生了許多動人的情景和巨大的政治影響。《申報》記者報導說：「最奇者，此次舉動，

---

136 《九江罷市之經過》，《申報》1919 年 6 月 16 日。
137 《九江罷市之商訊》，《申報》1919 年 6 月 18 日。
138 尚未發現哪一天結束的資料，從已有資料看，至少到 17 日還在堅持之中。

不論如何暴動，軍警並不干涉；不論聚集多〔少〕人，只要學生一言，無不立散。即八九齡小學生，人民亦必信仰。俗云興與不興看後人。如此八九齡童子，均井井有條，中國轉弱為強，諒不遠矣。」[139]

在五四運動中，江西還有兩個政治現象值得一提。其一，江西籍學生在全國愛國運動中發揮了重要的作用。在北京大學的許德珩和段錫朋、張國燾，是北京五四運動的重要參與者，許德珩是五月四日北京被捕的三十二個學生之一，段錫朋六月在上海當選為新成立的全國學生聯合會會長。[140]他們曾多次或派人或自己到九江、南昌進行聯絡，為江西愛國運動的開展，同樣起了重要作用。

其二，江西省軍政當局多贊同學生和民眾的要求。陳光遠與戚揚在五月十二日接見遊行學生時，即支持和欽佩學生的愛國熱忱，明確表示不能以寸土與人，「現已擬定電稿，通電力爭」，「無論如何，誓以爭回主權，保我疆圉為目的」[141]。陳、戚隨即致電北京政府，轉達學生「國可亡而青島不能讓，民可殺而主權不能失，應請切電我國代表堅持前議，請和會將青島交還中國」

---

139 《九江罷市之商訊》，《申報》1919 年 6 月 18 日。
140 參見彭明：《五四運動史》，人民出版社 1984 年版，第 265-288 頁；李新、陳鐵健主編《偉大的開端》，中國社會科學出版社，1983 年版，第 143-145 頁。
141 《贛垣學生之愛國運動，全省學生之遊行會》，上海《民國日報》1919 年 5 月 18 日。

和「勿過摧殘」北京學生以保方剛之士氣的要求。[142]江西省議會亦於十三日致電北京政府，請其據理力爭，「以保國土而順輿情」。兩電名為轉達民意，實際上表示了他們自己的看法。因此，在北京政府密電徵詢意見後，陳光遠即有明確表態。在十六日復北京政府電中，他提出了不能不力爭青島的四條理由，認為此事「直關國家存亡，自當誓死力爭，不能絲毫讓步。如果抗議無效，惟有嚴拒簽字」[143]。其後，他還與李純、王占元以「長江三督」幾次上呈對時局的意見，其中如六月八日通電北京政府，提出三點主張：（1）對於曹汝霖、陸宗輿、章宗祥等，請照學生要求將其免職；（2）對於外交問題主張不簽字，萬不得已時，須有確切之善後辦法；（3）對於南北和議主張按照原議，先解決國會問題。[144]陳光遠等對五四運動和江西學生、民眾的態度，雖然在六月一日接到北京政府的命令後有所變化，但總體上是支持的，因而也是值得肯定的。他們之所以能夠在運動中明確支持學生和民眾，表明自己的意見，既源於其自身的民族立場，更因為他們看到了民眾的力量，深知浩然民氣之不可違。客觀地說，他們的態度，也是影響北京政府最後決定罷免曹、陸、章和拒簽和約的一個重要因素。

在全國人民的堅決鬥爭下，北京政府被迫於六月六日至八日

142 《贛學界遊行警告團經過記》，《申報》1919 年 5 月 17 日。
143 《陳光遠請爭青島電》，《申報》1919 年 5 月 27 日。
144 《中華民國史事紀要》，1919 年 6 月 8 日。

釋放被捕學生，撤去曹汝霖、陸宗輿、章宗祥的職務；二十八日，中國代表拒絕在巴黎和約上簽字。五四運動取得勝利，並成為中國新民主主義革命的偉大的開端。江西人民的鬥爭，既有力地支援和配合了全國人民的愛國鬥爭，也是全國人民愛國鬥爭的重要組成部分，是對五四運動的重要貢獻。

3. 五四運動的延續

五四運動到六月底取得拒簽和約勝利而基本結束。但這場反帝愛國鬥爭的餘波，還延續了幾個月。在江西，這些鬥爭大體分為兩類：

一類是繼續支持和聲援省外的反帝反封建鬥爭。主要有：八月起，聲援山東人民反對「馬良禍魯」、要求懲辦製造八月五日「濟南血案」兇手的鬥爭，持續幾個月，江西還派出代表參加了進京請願活動；十二月，為聲援福建人民反對日本暴徒製造「福州慘案」，要求北京政府對日交涉、懲兇維權的鬥爭，江西學聯組織了五千多學生參加的遊行警告，抗議日本人槍殺福建同胞的罪行。江西女界聯合會、南昌總商會、江西省教育會等團體以及九江的學生和市民，也紛發通電或舉行遊行，指斥日本人的強暴行為，要求北京政府「嚴重交涉，懲辦兇禍，以慰民望」[145]。

另一類是開展本省的民主運動，鞏固五四運動成果，並維護

---

145 參見《南昌學聯聲援閩案警告書》，上海《民國日報》1919 年 12 月
   13 日；《江西學界之遊行準備》，《紀贛學生之遊行警告》，《九江學
   生聲援閩案之遊行大會》，《申報》1919 年 12 月 12 日、13 日、14
   日。

本省的政治、經濟利益。主要有：（1）召開江西國民大會。七月二十一日，經江西各公團共同發起，正式在江西大舞台舉行國民大會。召開國民大會的宗旨，是表達江西民間對國事的態度，抒發國民外交的精神，「使東西諸友邦感受我國民之誠意，矯正對華政策，予以公道正誼之援助，以維持我國際地位，維持世界和平，斯則我江西國民大會之職志之希望也」[146]。這次大會通過了三條「救國方針」，即貫徹國民外交主張，全力對付中日交涉，懲辦國內奸黨。並向各友邦國、南北政府等發出電文，要求解決青島問題、實現南北統一一致對外。[147]國民大會是五四運動中出現的一種民間鬥爭形式，當時在全國許多地方都有實行。江西到一九二〇年二月還曾再次召開國民大會，各界到會者近萬人，向北京政府發出警告，不得干涉山東省向德國索回主權的行動。（2）成立江西各界聯合會。繼五四中相繼成立江西學聯和江西女界聯合會（6 月 16 日成立）後，江西適應全國各地進一步聯合力量、發展愛國運動的形勢，響應京、津各界聯合會的多次聯絡，於八月間由學聯和女聯發起，聯合各團體籌建江西各界聯合會。中經反覆，終於十一月三日召開成立大會，組成了由二十多個團體加入的江西各界聯合會。選舉錢志銘為總幹事，楊錦垣、金士珏為副總幹事。隨後，派出三名代表到上海出席了全國各界聯合會成立大會，其中兩人還被留在全國聯合會工作。（3）

146 《江西最近之三會》，《申報》1919 年 7 月 15 日。
147 《紀江西之國民大會》，《申報》1919 年 7 月 26 日。

救濟南潯鐵路和反對開放米禁。（4）繼續提倡國貨，深入檢查和抵制洋貨，特別是日貨。

　　江西以愛國學生為主的這些鬥爭，一直堅持到一九二〇年二月才告一段落。在一九二〇年及其後，也仍多次發生。

二　改造社的成立與新思想的傳播

　　五四運動後，江西出現了一個以先進的青年知識分子為主體的接受和傳播新思想新文化的浪潮。在這個浪潮中，以南昌為中心，在全省出現了一批新文化社團及其主辦的刊物，如南昌二中袁玉冰等組織的「改造社」及其社刊《新江西》，南昌女子師範學校孫師毅、劉和珍等組織的「覺社」及其創辦的《時代之花》半月刊和《江西女子師範週刊》，南昌一中的「晨鳴社」及其《晨鳴月刊》，曾天宇、張世熙、王立生等組織的「萬安青年學會」及其主辦的《青年》雜誌，惲代英、王子平等組織的「九江人社」，張朝燮、王環心等組織的「永修教育改造團」，方志敏組織的弋陽「九區青年社」，孫師毅主持的《新民報》副刊《作新民》週刊，吉安十屬旅京學生會創辦的《吉州》，等等。這些社團和刊物，以闡釋民主觀念、介紹新思想、提倡新教育、促進人的思想啟蒙和改造社會為宗旨，形成了江西蓬勃一時的新文化運動，給社會帶來一股清新、開化之風。其中，最富有影響和成果的社團和刊物是「改造社」及其社刊《新江西》，領軍人物是袁玉冰、趙醒儂和方志敏。

　　改造社是在馬克思主義影響下成立最早的江西進步社團。創辦者袁玉冰（別名孟冰，1899-1927 年）是泰和人，一九一八年

考入南昌二中讀書，負有改造社會的大志，曾賦詩「光陰去我太匆匆，忽忽年臨二十中。矢願從今堅立志，要為世界主人翁」[148]。五四運動時為南昌二中學生領袖，首次讀到《新青年》，開始接觸馬克思主義。一九二○年七月，在校聯合黃道、徐先兆、黃在璇（野蘿）、黃家煌、劉鐵、石廷瑜、支宏江（江岩）等七名有志學生，組織「鄱陽湖社」，談論國事，抨擊時弊，探尋改造社會的問題。隨著思想的深入，他們感到「鄱陽湖社」的名稱難以體現社團的宗旨，即於十二月改名為「改造社」，並在一九二一年一月一日召開改造社成立大會。當時有會員十餘人，共推袁玉冰為負責人，決定出版社刊《新江西》。改造社明確宣稱以「改造社會」為宗旨，先從江西做起，最終的目的是把這個「黑暗的舊江西」變成一個「光明的新江西」[149]。隨後，袁玉冰等訂立了八條社規：（1）積極地破壞不良的社會制度。（2）社員只能信仰主義，絕對不能信仰宗教。（3）對於民主革命的政黨，只能援助，不能加入。（4）社員須有一種體力勞動或精神勞動的正當職業。（5）社員不得為資本家的助手。（6）社員生活須平民化。（7）社員不得有不良嗜好，如嫖賭煙酒之類。（8）社員對於下列各種應該有所研究：①馬克思學說；

---

148 中共江西省委黨史資料徵集委員會編《江西黨史資料》第 30 輯（《袁玉冰專集》），中央文獻出版社 1994 年版，第 193 頁。該專集中《江西共產主義運動的先驅袁玉冰》一義註明袁玉冰的出生時間為 1897 年。

149 《新江西宣言》，《袁玉冰專集》第 5 頁。

②社會學；③外國語（至少一種）；④世界語。[150]社刊《新江西》也在五月一日出版了創刊號。該雜誌隨後在南昌、贛州、九江、吉安省內各地以至在北京、南京、上海、廣州、武漢等地均有發行，是江西傳播新思想新文化的一個最為主要的陣地，起了時代先鋒的作用。從改造社的宗旨、社規及所辦《新江西》雜誌看，改造社是一個主張社會改造的革命團體，是中共成立前在江西出現的一個接受了馬克思主義的進步組織。

改造社成立後，一批進步青年陸續加入。同年六月，在南昌省立甲種工業學校讀書的方志敏（弋陽人，1899-1935 年），也加入了改造社，並在校內積極組織學生運動。被學校開除後，他考入九江南偉烈大學讀書，在校發起組織讀書會和馬克思主義研究小組。為尋求改造社會的真理，復於一九二二年七月毅然退學去上海，在滬相繼結識趙醒儂和袁玉冰，並由趙介紹加入了中國社會主義青年團（1925 年改稱中國共產主義青年團）。趙醒儂（1899-1926 年）是南豐人，早年到上海做工，因備受欺壓，立志改造社會，在職業補習學校閱讀到進步書刊後，接受了馬克思主義和「工人解放」理論，一九二一年五一節時在上海工商友誼會演講勞動節歷史，不久加入中國社會主義青年團，並很快轉為剛成立的中國共產黨黨員。趙、袁、方三人在上海分析江西時局和出路，感到新思想新文化在江西傳播不廣，決定從此入手，在

---

150 趙敏、李翰翟：《江西共產主義運動的先驅 —— 袁玉冰》，《袁玉冰專集》第 5 頁。

南昌建立文化書社，作為傳播新思想新文化的陣地，得到團中央的肯定。一九二二年八月，趙醒儂送方志敏返贛籌辦文化書社，送袁玉冰赴北京大學入學。方志敏到南昌後，立即在三道橋東湖邊開辦文化書社，十五名組織者多為改造社成員，方任總經理。文化書社宣言指出，該社以灌輸文化為宗旨，專門介紹本國及外國新出版的書報雜誌，即從別處運輸來知識思想，在荒涼的江西，沒有文化種子的江西，灌溉文化之芽，以使「江西青年思想界，開出幾朵笑迷迷的『文化之花』來」[151]。袁玉冰去北大後，改造社成員也多到外地或外國求學，分佈較廣。十月六日，袁玉冰召集在北京的成員開會，決定在北大設立改造社總社，在南昌、上海設立分社；將《新江西》由季刊改為不定期刊（後該刊被當局封閉後移上海出版）；社員每月每人至少通信一次，以加強聯繫。袁玉冰也由李大釗介紹加入中國社會主義青年團，並很快轉為中共黨員。改造社的活動形式至此有所改變，但其影響則更為擴大。

十一月，趙醒儂受團中央委派，回到江西負責籌建南昌地方團組織。趙在南昌一面著手組建團組織，一面與方志敏及寒假返家的袁玉冰繼續擴大宣傳新思想和組織革命活動，相繼成立馬克思學說研究會、民權運動同盟，確定把《新江西》及《青年聲》

---

151 《南昌文化書社宣言》，中共江西省委黨史資料徵集委員會編《江西黨史資料》第 29 輯（《趙醒儂專組》），中央文獻出版社 1994 年版，第 108 頁。該專集所刊曾志羣、蔣偉撰寫的《革命先鋒趙醒儂》一文，對趙醒儂生平事蹟有較全面的介紹。

週刊「作為宣傳我主義的刊物」，指定胡占魁負責南昌工人的動員組織工作，並重點在南昌、九江、景德鎮、豐城發展青年入團。這些活動雖然很快遭到江西督理蔡成勳的鎮壓，一九二三年春袁、胡相繼被捕，趙、方等被迫避赴滬、寧，但新思想的種子已在江西大地萌生。

　　新思想新文化在青年知識分子中的傳播和進步社團的組織，為中國國民黨和中國共產黨江西組織的創建和早期活動，建立了思想和組織的基礎。

三　國、共等政黨的組織與活動

1. 中國國民黨江西地方組織的創建

　　國民黨在江西的早期組織，始於一九〇六年。由此而至一九二六年底消滅北洋軍閥取得江西政權，江西的國民黨組織的活動，主要是以祕密方式進行組織建設、武裝起義和策應北伐戰爭。這個過程，大體可分為三個階段：

　　第一階段（1906-1913 年），建立早期組織、舉行武裝起義和掌握江西全省政權。江西的國民黨組織，由同盟會及反清革命團體發展而來。一九〇五年中國同盟會在日本東京成立，一九〇六年，孫中山派會員黃格鷗（清江人）、魏會英（贛州人）回江西發展組織。他們以一九〇四年成立的易知社、我群社為主，建立了同盟會江西支部。由江西學生在南昌組織的易知社和在宜豐、南豐組織的我群社，是江西最早出現的反清革命團體。易知社推張惟聖、虞維煦為正副社長，成員六十餘人，主要是江西武備學堂、測繪學堂、陸軍小學的師生和南京兩江師範的贛籍學

生；我群社由蔡突靈、蔡銳霆（兩人亦是易知社成員）等組織，他們偏重於聯絡會黨。江西支部成立後，致力於發展組織，魏會英到贛州，組建了贛州分部；蔡突靈、蔡銳霆兄弟則奔走於瑞州（治今高安市）、袁州（治今宜春市袁州區）、臨江、吉安各地，建立多個分部。同盟會是中國早期的革命政黨，也是國民黨的前身，它在江西機構的設立，表明江西從此有了國民黨的組織。擔任同盟會江西支部長者，先後有鍾震川、賀國昌等。

清末江西的另一革命團體是共進會。共進會是同盟會為了聯絡會黨而建立的組織，一九〇七年由焦達峰、張百祥和江西人鄧文翬等在日本東京發起成立。一九〇九年十月（一說 1 月），鄧文翬回到南昌，建立了共進會江西分會，以鄧文翬為會長，虞維熙、丁立中為副會長。在此前後，萍鄉、萬載等地的洪門會黨，則加入了湖南共進會。

同盟會江西地方組織和共進會相繼成立後，分別將活動的重心放在學界、軍界和會黨方面，特別是一九〇六年江西建立新軍，不少同盟會員即投入了新軍。他們祕密進行聯絡和發展力量，準備並積極發動反清武裝起義。其中，最顯著者，為一九〇六年的萍瀏醴起義、一九一一年的辛亥革命江西光復和一九一三年的「二次革命」。江西同盟會組織在這些革命活動中，起了領導作用，其成員表現出了犧牲精神和先鋒作用。

一九一二年八月，孫中山等以中國同盟會為基礎，與統一共和黨等四黨合併組成國民黨。國民黨的稱謂，即從此始。八月二十日，李烈鈞以江西支部長名義，與會員徐秀鈞、歐陽武、劉世均、劉家驥署名致電同盟會本部，稱「在贛支部開大會研究，咸

表贊成」[152]。江西的同盟會、共進會兩組織隨即奉國民黨本部之命，合組為國民黨江西支部。這時，國民黨黨員遍於全省，為數不下二萬人，支部長李烈鈞擔任江西都督，江西的國會議員和省議會議員，也大多數是國民黨人，國民黨事實上掌握了江西全省軍政大權。因此，這個時期被江西國民黨人認為是一個「全盛時期」。一九一三年七月，李烈鈞在江西首先發動討袁的「二次革命」，成為影響全國的重大歷史事件。

第二階段（1913-1923 年），寓居東京、上海和反抗北洋軍閥統治。一九一三年七月，袁世凱派駐鄂第六師師長李純進軍江西，一個多月間打敗反袁的數萬贛軍，國民黨領導的「二次革命」在江西宣告失敗。李純隨即署理江西都督，建立起北洋軍閥對江西的統治，同時對曾擔任文武官員、記者的國民黨人，和國民黨籍的十名國會參議院議員、二十五名眾議院議員以及眾多省議會議員，「一律按冊緝捕」，給全省的國民黨組織以毀滅性的打擊。江西國民黨人徐秀鈞（時任國會眾議院議員）等被捕殺，大部分「盡為亡命」，「四方竄伏，而以日本東京為最多」。也有一些人屈節召侮，徘徊失機，被人「攜袁世凱金錢暗中勾去不少」[153]。

一九一四年六月，孫中山在東京組建中華革命黨，原國民黨

---

152 《李烈鈞等致宋教仁等電》（1912 年 8 月 20 日），《李烈鈞文集》，第79-80 頁。

153 江西出席中國國民黨一大代表：《江西省黨務報告》，1924 年 1 月。

人需履行加盟手續，方得成為中華革命黨員。孫中山以周道萬為江西主盟人，任徐蘇中為中華革命黨江西支部長，夏之麒為江西革命軍司令長官，江西支部設在東京，有黨員約三百人，其中有江西留日學生一百多人。夏之麒二次革命時在湖口參與指揮，曾組織敢死隊苦戰月餘，故受命後當即回到上海，派遣劉萬等返贛設立機關，劉萬等被李純捕獲殺害後，再派歐陽靖國主持贛事，但夏之麒遭贛浙兩省當局懸賞重金偵緝，一九一五年十一月七日在上海被刺殺。[154]一九一六年，江西支部移設上海，有黨員七百餘人。雖然支部不在江西，但支部通過派人等方式，活動重心仍在省內。江西革命黨人當時仍致力於軍事行動，曾組織新華社及衛軍團等，力謀發動「三次革命」，遭當局破獲，黨員劉霖、劉輝堂、李佐等被殺害，入獄者數十人，其餘逃伏各地。袁世凱死後，省議會恢復，國民黨人乘機復起，江西組織又現起色。一九一九年十月十日，孫中山因中華革命黨無法繼續存在，遂恢復國民黨的名稱，改稱中國國民黨。江西組織遂相應改名，並長期未再變更。

一九二〇年起，江西國民黨員的構成發生了重大的變化。此前，黨員主要來自軍、政兩界人士和江西留學生；這時開始轉變為「以內地學生及工人為最多」，人數也日呈增長之勢。這一變化，與五四運動的興起及其在江西展開得很有聲色有關。一九二二年，廣東革命政府北伐，江西國民黨人積極響應。北伐因陳炯

明叛變失敗後，江西國民黨人在省內和上海均受到北洋軍閥政府通緝，江西黨務，於是再次陷入停頓。

這一階段的江西黨務活動，主要是反抗北洋軍閥的統治；活動地域，為上海和成為革命根據地的廣州，而以江西為主。其主要工作是：（1）發動小規模起義。江西支部曾先後派賴天球在龍南、定南、尋鄔和廣東南雄發動起義，祝光照在贛東北發動起義並一度占領上饒、鉛山，黃幹在鄱陽、都昌一帶發動起義，劉霖、劉輝堂、李佐等在北洋軍中運動起事（事洩被殺，國民黨人被捕者數十人）。起義雖均失敗，但擴大了革命的影響。（2）「著力於主義宣傳」和設法參加群眾運動。一九一六年，徐蘇中返省恢復了一九一三年被封閉的機關報《晨鐘報》（同時為黨部辦事機關），任主筆。不久，因宣傳革命及主張省議會彈劾北洋省長戚揚，徐遭通緝逃亡，報亦停辦。一九二一年五月，江西改造社（其成員後來成為江西國共兩黨早期重要領導人）創辦《新江西》季刊，季刊一九二三年被江西當局封閉後，移到上海，改出半月刊。該刊「抨擊軍閥，不遺餘力」。其他有國民黨人參加興辦的報紙和出版物，共有七種。此外，積極參加民權運動同盟，加入青年團體及各種學會，致力於「灌輸吾黨主義」[155]。（3）借託議會進行活動。一九一六年江西恢復省議會，時稱第二屆議會。國民黨人乘機加入，與前一屆議會一樣，「仍占議席百分之八十」。這為國民黨人借議席反抗北洋軍閥的統治，提供了合法的

---

155 江西出席中國國民黨一大代表：《江西省黨務報告》，1924 年 1 月。

條件。

第三階段（1924 年至 1927 年春），重建江西組織和響應國民革命。一九二四年一月，中國國民黨第一次代表大會在廣州召開。孫中山改組國民黨，實現中國國民黨與中國共產黨第一次合作，形成了國民革命的銳進態勢。彭素民、徐蘇中、趙干（即中共黨員趙醒儂）、蕭炳章、周道萬、胡謙、孫宏義、劉伯倫、王恆等九人作為江西代表出席了國民黨一大。三月，趙干、鄧鶴鳴受國民黨中央黨部祕密派遣，擔任籌備專員，由滬回贛籌建江西省黨部。主要由以個人身分加入了國民黨的共產黨員，來籌建和主持國民黨組織及其活動，是這一階段最為突出的一大特徵。

在趙醒儂、鄧鶴鳴、方志敏等主持下，先建立了國民黨江西省臨時黨部，繼於一九二五年七月，在南昌召開中國國民黨第一次全省代表大會，選舉趙醒儂、鄧鶴鳴、張朝爕、方志敏、許鴻、陳灼華、朱大貞為執行委員，涂振農、劉承休、曾振五、傅惠忠為候補執委；李松風、曾天宇、王鎮寰為監察委員，姜伯彰、王立生為候補監委，組成了正式省黨部。趙醒儂任組織部長，實際主持省黨部工作；鄧鶴鳴、張朝爕、劉承休、朱大貞、陳灼華分任宣傳、工人、農民、青年、婦女部部長（農民部部長後先後由涂振農、方志敏擔任）。全省黨員這時有二千六百九十八人，縣、市黨部十七個。省黨部歸屬於中央執行委員會上海執行部（原規定隸屬於漢口執行部，但從一九二五年八月組織部長趙醒儂向上海執行部解送黨員入黨表、調查表看，江西實際隸屬於上海執行部）。一九二六年三月召開第二次全省代表大會，領導成員及機構與一大相同。

省黨部先後創辦了《民治日報》（1925 年秋）、九江《江聲日報》（1925 年秋）、《南昌民國日報》（1926 年 8 月，後改名為《江西民國日報》）等報刊。在全省恢復重建組織，由張朝燮、王鎮寰等在南昌市，許鴻等在九江，周利生、王湘等在吉安，姜伯彰等在上饒，蕭贛、李人祝、顏承梁等在萍鄉，以教書等為掩護，負責當地黨務活動。積極進行響應廣東國民政府的北伐軍事，特別是在一九二六年的北伐戰爭中，動員江西人民簞食壺漿、支援戰爭，炸燬孫傳芳部裝載軍械彈藥的輪船，頗具貢獻。全省黨務活動，十分活躍，但也受到北洋軍閥當局的殘酷鎮壓。一九二六年八月，軍閥鄧如琢查封國民黨江西省黨部及其活動據點，逮捕省黨部常委兼組織部長趙干（趙醒儂）並於九月將其殺害。全省黨員及青年學生，隨後被害者甚眾。江西的國共兩黨組織，遭受沉重的損失。

2. 中國共產黨江西地方組織的建立

一九二四年三月，在上海的中共中央派遣趙醒儂（趙干，南豐人）、鄧鶴鳴（高安人，當時在上海全國學聯工作）到江西祕密籌建組織。此時，國、共兩黨已實現黨內合作，並剛剛在一月召開了國民黨一大，決定共同領導國民革命。趙、鄧是以個人身分加入了國民黨的中共黨員，因此，在他們受命回贛籌建國民黨江西地方組織時，中共中央為加強對江西革命的領導，也指令他們籌建中共江西地方組織。

在組建中共組織前，江西已經有了青年團的組織。其組建情況是：一九二三年一月二十日，受命返贛建團的趙醒儂與方志敏邀集在南昌信仰馬克思主義的同志，成立中國社會主義青年團江

西地方團。當時由於「南昌信仰新文化者已經是少數，而熱心社會主義的，尤其是少數的少數」[156]，所以江西地方團的發起人這時僅有趙、方及劉拜農、劉五郎、劉修竹、陳之琦、趙履和等七人，推定劉拜農為臨時書記，決定向工人和學生作有力宣傳，力爭多介紹學生入團及援助工人運動。[157]八月，趙醒儂以江西代表身分，由上海赴南京出席中國社會主義青年團第二次全國代表大會，會後再次返贛工作，十月下旬，在南昌正式成立中國社會主義青年團南昌地方執行委員會，趙醒儂、曾宏毅（洪易）、徐竭夫為委員，崔豪為候補委員，趙醒儂任委員長。團地委繼續傳播《先驅》、《嚮導》等中共黨、團刊物，祕密組織領導學生運動、工人運動、文化運動和國民運動，並在南昌設立了三個支部，在九江設立了一個支部，創辦了機關刊物《紅燈》，逐步擴大工作範圍和進步思想文化的影響。江西青年團組織的建立及活動，為中國共產黨江西地方組織的建立，奠定了基礎。

趙醒儂、鄧鶴鳴到南昌後，立即著手籌建中共地方組織。他們先在團員中發展方志敏、傅清華等加入中國共產黨。一九二四年五月，領導建立中國共產黨南昌支部，趙醒儂任書記兼組織幹事，鄧鶴鳴任宣傳幹事。支部設在南昌市解家廠附近，直屬中共

---

156 《趙醒儂致存統信》（1923 年 1 月），中央檔案館、江西省檔案館編《江西革命歷史文件匯集（1923-1926）》，1986 年內部印行，第 7 頁。
157 《江西地方團臨時書記給團中央的報告——關於江西地方團成立及其第一次會議議案》（1923 年 1 月 22 日），《江西革命歷史文件匯集（1923-1926）》，第 9-10 頁。

中央領導。[158]中國共產黨江西地方組織的建立，是近代江西史上的一件大事，她不僅與革命的國民黨一道，為近代江西歷史增添了嶄新的政治、思想和文化的內容，而且使江西人民改造社會、追求建設新江西的鬥爭，有了無產階級先進政黨的領導，從而表現出更大的自覺性和更強的使命感。以趙醒儂、袁玉冰、方志敏等為代表的一批先進分子，為江西黨團組織的創建，為使江西不落後於時代前進的步伐，作出了重大的貢獻。

中共南昌支部建立後，致力於擴大建立國共兩黨地方組織和領導革命活動。由於國民黨當時是革命統一戰線的領導及活動形式，趙醒儂等中共黨員下力氣建立全省國民黨組織。因此，在中國國民黨江西省一大選舉產生的十六名執行委員和監察委員中，有十二名為中共黨員。當時至一九二六年創建的全省六十一個縣、市黨部，絕大多數也是以中共黨員為主創建起來的。這是國民革命時期，中共黨員和國民黨左派力量在江西占據優勢的主要原因。

中共江西地方組織自身的發展，則以贛江兩岸和南潯鐵路沿線的南昌、九江、吉安等為重點，發展黨員和建立下屬組織，積極開展工人、農民、青年和婦女運動。為擴大革命宣傳和準備革命力量，黨組織還在南昌分別創辦了明星書社和黎明中學。明星

---

158 參見中共江西省委組織部等編《中國共產黨江西省組織史資料》，第一卷（1922-1987），中共黨史出版社 1999 年版，第 23-25 頁；中共江西省委黨史研究室編《中國共產黨江西歷史簡編》，江西人民出版社 2003 年版，第 14-15 頁。

書社 一九二四年六月在南昌市西湖橫街開業，曾天宇任經理，是中共中央開辦的上海書店在江西的發行點，也是江西黨組織的重要活動場所。黎明中學八月在南昌市楊家廠附近開辦，校名寓意為「黑暗即將過去，黎明即將到來」，是江西最早的一所培養革命人才的學校，也是當時國、共兩黨的重要活動機關。該校後被軍閥當局查封，北伐占領南昌後併入南昌中學。[159]

　　一九二六年初，在江西督辦方本仁逮捕準備到廣東出席國民黨二大的趙醒儂、劉承休、陳灼華（均為中共黨員），形勢一時嚴峻的情況下，中共中央為加強江西的領導力量，先後派出在上海的江西吉安籍中共黨員羅石冰、劉峻山（九峰）為特派員，營救趙醒儂等被捕者，整頓和發展黨團組織，先後將吉安、九江的黨小組升為特別支部。四月八日，經中共中央批准，在南昌建立中共江西地方執行委員會（簡稱中共江西地委），羅石冰任書記兼宣傳部主任，趙醒儂任組織部主任，方志敏任工農部主任。到年底，中共江西地委在全省五十個縣、市建立了基層組織，擁有黨員八百多人。黨的工作，在這一年全力轉入策應北伐軍的進軍江西。

3. 其他政黨社團

　　民國初年，是全國組建政黨社團十分活躍的時期，時人稱「集會結社，猶如瘋狂，而政黨之名，如春草怒生，為數幾至近

---

159 陳文華、陳榮華主編《江西通史》，第 753-754 頁。

百」[160]。這種趨勢，在江西也有所反映。

據台灣學者研究，民國初年（這裡指 1911-1913 年），全國各地成立的具有現代性質的新興公開黨會，初步統計有六百八十二個，其中政治類的有三百一十二個，其餘為聯誼、實業、公益、學術、教育、慈善、軍事、宗教、國防、進德各類等。這些黨會主要分佈在上海、北京、廣州，其中在江西成立的有四個，這就是屬於政治類的贛省公民聯合會，一九一三年五月在南昌成立，是反對袁世凱的政治組織；屬於聯誼類的江西警察協會，一九一二年十月在南昌成立，主要職能是保障警察權利，發起人為閻恩榮等；屬於慈善類的九江紅十字會，一九一一年十二月成立，負責人有白堅、蔡惠、江楚鳴等；屬於公益類的女子軍事協進會，設在南昌，主要職能為贊助革命進行。[161]嚴格地說，這些還只能算是社團，還不能說是完全的現代政黨。

當時江西的黨會政團實際上並不止此。還有另外兩種情況，也可列入：

一種是江西籍人士在外省組織或參與組織的黨會政團，為數不少。比較著名的，政治類的如謝遠涵在北京參與組織的民主黨，李盛鐸在北京參與組織的政治研究會，吳宗慈在北京參與組織的國家學會和新共和黨，江亢虎在上海發起組織的中國社會黨

---

160 《善哉民國一年來之政黨》，《國是》第 1 期，轉引自朱建華主編《中國近代政黨史》，吉林大學出版社 1990 年版，第 441-442 頁。

161 張玉法：《民國初年的政黨》，岳麓書社 2004 年版，第 32-34 頁；附錄一。

等，聯誼類的如謝遠涵、梅光遠等在上海組織的江西共和建設討論會，在上海成立的江西公會，以及旅京、旅滬、旅漢江西同鄉會等。[162]

　　另一種是一些在京、滬成立的政黨，在江西設立了分支機構。如一九一二年，共和黨、民主黨都在江西建立了支部組織，並與同盟會相對立，失勢後「其頑強者乃托黎元洪，以後投身於袁世凱，而為之虎倀焉」。統一黨也在九江建立了交通部。一九一三年五月，共和黨、民主黨和統一黨三黨合併成立進步黨，江西的三黨組織經過七月間的合併糾紛後，也實現合併並成立了江西支部，支部部長謝遠涵，副部長高巨瑗。該黨反對李烈鈞領導的「二次革命」，在湖口起義爆發後，曾致電北京政府要求「迅速戡亂」。「二次革命」失敗後，江西支部攜袁世凱金錢，拉攏國民黨黨員，國民黨員被「暗中勾去不少」[163]。隨後，該黨在江西有較大的發展，在大多數縣建立了分部。一九一四年春，贛南的黨員因與地方當局發生糾紛，該黨贛南二十四個縣的分部部長、副部長四十多人被贛南鎮守使李廷玉下令密捕，引起該黨北京本部的抗議，由大總統袁世凱下令江西民政長戚揚查究，可見其組織具有相當的規模和力量。[164]次年，該黨江西支部發生分

162 張玉法：《民國初年的政黨》，附錄一。

163 江西出席中國國民黨一大代表：《江西省黨務報告》，1924 年 1 月。

164 《內務部要求查究贛南鎮守使迫害進步黨黨員事件電稿》，（1914 年 5 月 16 日），引自方慶秋主編《北洋軍閥統治時期的黨派》，檔案出版社 1994 年版，第 258-259 頁。

裂，分為兩支，一支由謝遠涵主持，開辦機關報《大江報》；一支由高巨瑗主持，開辦機關報《大公報》。袁世凱帝制自為失敗後，該黨逐漸瓦解。

民初後，黨潮逐漸消解。五四時期，江西也建立了一些社團，但除屬於國、共兩黨者外，一般沒有什麼影響。

四 安源工人運動

安源工人運動是剛剛誕生的中國共產黨組織，在江西境內組織的聲勢浩大的產業工人的政治鬥爭，也是當時極富特色、震動全國的一件大事。

1. 安源工人的動員和組織

安源地處江西省萍鄉縣。安源路礦是安源煤礦和株（洲）萍（鄉）鐵路的統稱。安源煤礦是江西境內最早出現的近代工礦企業之一，日出煤二千多噸，主要供給在湖北的大冶鐵礦和漢陽鐵廠（1908 年將漢陽鐵廠、大冶鐵礦和萍鄉煤礦合組為漢冶萍煤鐵廠礦公司，是當時中國最大的近代企業之一）。為將萍煤運往大冶和漢陽，一八九八年動工專門修建從安源到湖南株洲的鐵路（1906 年竣工），與粵漢路相接，歸湘鄂路局管理。因此，安源不但路、礦相連，而且因與湖南毗鄰，工人大多也來自湖南，故與湖南的關係特別密切。

中國共產黨成立後，立即致力於組織和發動工人運動，並建立了以張國燾為主任的中國勞動組合書記部專負其責。當時，安

源路礦集中了一點七萬名產業工人[165]，因而受到勞動組合書記部的重視。書記部最早通過通信和寄送《工人週刊》等書報的辦法，宣傳勞工解放等道理，與安源工人建立了聯繫。一九二一年十二月，應萌生了要求解放之念的安源工人的請求，書記部特派毛潤之（澤東）、李能至（立三）、宋友生、張理全四人到安源考察情況，開展活動。毛澤東時任中共湖南支部書記、湖南勞動組合分部主任，也將動員領導安源工人運動作為湖南黨組織的重要工作。到安源後，「他們先以朋友的關係與各工友接洽，漸漸談及工人受痛苦受壓迫及有組織團體之必要等情況，於是大得工友歡迎」[166]。其後，毛澤東留下李立三，專門負責組織與發動安源的工人運動，並加派蔣先雲等來協助李的工作。毛澤東自己也於一九二二年五月和九月初兩次到安源，檢查和部署組織工作，並經常性地向李立三等指示工運的方針策略，調配組織力量[167]。湖南黨和毛澤東的重視及組織領導的有力，是安源工人運動興起的重要原因。

安源工人中也具有組織起來的基本條件。安源煤礦工人絕大

165 據《偉大的開端》第 650 頁載，其中安源煤礦 12000 人，株萍鐵路 4500 人。另據《安源路礦工人俱樂部略史》記載，安源煤礦常年有工人 12000 人，但開大工時還須增加；株萍鐵路工人為 1100 餘人。

166 劉少奇、朱少連：《安源路礦工人俱樂部略史》，1923 年 8 月 10 日，收入中國社會科學院近代史所、安源工人運動紀念館編：《劉少奇與安源工人運動》，中國社會科學出版社 1981 年版，第 1-28 頁。

167 罷工前及其後有幾十名中共黨員先後被派到安源工作，主要有：劉少奇、蔣先雲、任弼時、賀昌、易禮容、陳譚秋、李求實、陸沉、蕭勁光、吳化之、毛澤民、林育英等。

多數實行包工制，工人受到工頭的殘酷剝削，如窿內工人，礦局所給工資，每人每日可合銀洋二角七八分，而工頭轉手後只給工人銅元二十六七枚（安源當時 1 元銀洋可換銅元 210 餘枚），此外還有延長工作時間、歇工扣伙食、誤事罰工資、重利盤剝等。礦局職員和工頭對稍不如意的工人，「即濫用私刑，如跪火爐、背鐵球、戴篾枷、抽馬鞭、跪壁塊等，或送警扣留蠻加拷打」[168]。由於勞動和衛生條件惡劣，據一九一八年統計，全礦「患矽肺病、腸胃病的工人達百分之九十以上」[169]。因此，安源工人對其生活、生產現狀，極度不滿。另一方面，「安源路礦工友性質俱十分激烈，不畏生死，重俠好義，極能服從。又以萬餘工友，團聚一處，聲息相通，故團結力亦十分充足」。由於這兩方面的原因，所以「組織團體、解除壓迫、改良待遇、減少剝削」之口號一出，即萬眾景從，群焉歸附。[170]

李立三等進行了艱苦而卓有成效的工作。一九二二年一月，在五福巷成立安源第一所工人補習學校，由李立三、蔡增准任教員，在授課中宣傳工人在世界上之地位及組織起來奮鬥以減少痛苦、解除壓迫的道理，工人因此而覺悟者甚多。二月，成立了以李立三為書記的中共安源支部，這是中國產業工人中的第一個中共基層組織，也是江西境內最早建立的中共組織。五月，經過兩

---

168 劉少奇、朱少連：《安源路礦工人俱樂部略史》，1923 年 8 月 10 日。

169 李昌學：《安源工人階級的自發鬥爭》，《江西文史資料選輯》第 23 輯，第 145-146 頁。

170 劉少奇、朱少連：《安源路礦工人俱樂部略史》，1923 年 8 月 10 日。

個月籌備的安源路礦工人俱樂部成立，選舉李立三為主任、朱少連為副主任，部址設在牛角坡五十二號。俱樂部的宗旨，為保護工人的利益，減除工人的壓迫與痛苦，成為安源工人利益的直接代表者和維護者，更是黨支部領導下的安源工人運動的直接組織和指揮機構。加入俱樂部的會員，到罷工時有七百多人。為了實際幫助工人解決經濟困難，俱樂部還於七月間創辦了安源路礦工人消費合作社，李立三、毛澤民先後任總經理。消費合作社因其能讓工人買到便宜生活用品，受到工人們的極大歡迎，當時被稱為「中國人工階級自己的第一個商店」[171]。所有這些工作，為工人大罷工鬥爭作了較好的準備。

2. 罷工鬥爭及其勝利

七月，漢陽鐵廠工人因其俱樂部被當局封閉而舉行罷工，並取得勝利。這個消息給安源工人帶來很大的鼓舞，也使路礦當局受到震動。面對鬥爭情緒日益高漲的工人，當局起初企圖籠絡俱樂部負責人朱少連、蔣先雲、蔡增准等人，未得逞後轉行威脅恐嚇，以不速離安源必有殺身之禍相逼，朱、蔣、蔡等仍不為所動，凜然表示「秉正大光明之宗旨，作正大光明之事業，死也不怕」。工人群眾則在俱樂部的宣傳演講下，聽者日眾，加入俱樂部者亦日以數十計，並提出了舉行罷工以改善待遇的要求。路礦當局在軟硬兩手失敗後，則由副礦長舒修泰（楚生）與路局機務處長聯名具稟萍鄉縣署和贛西鎮守使署，誣稱俱樂部為亂黨機

---

171 陳文華、陳榮華主編《江西通史》，第 755 頁。

第一章・北洋江西政權的建立與演變

關，請以武力封閉。雙方對立的形勢，於是日趨緊張。

九月初，毛澤東再次到安源，與蔣先雲、朱少連等研究工人們要求舉行罷工以改善待遇的問題，認為罷工的時機已經成熟，要求黨支部迅速將大多數工人發動組織起來，準備鬥爭。同時，他要正在醴陵的李立三速回安源。九日，李立三回到安源。返回長沙的毛澤東根據中國勞動組合書記部的命令，主持中共湘區執行委員會研究確定，加派當年由莫斯科回國的劉少奇到安源參與領導工人運動。十一日，劉少奇到達安源。同時，毛澤東又寫信給李立三，指出罷工勝利的條件首先要靠工人群眾有堅固的團結和堅強的鬥志，同時必須取得社會輿論的同情和支持。因此，要用「哀兵必勝」的道理，提出哀而動人的口號。[172]李立三當即主持黨支部召開緊急會議，會議根據毛澤東的意見，提出「從前是牛馬，現在要做人」的口號，並對罷工鬥爭作了部署，決定成立罷工指揮部，李立三為罷工總指揮，劉少奇為工人俱樂部全權代表，領導罷工鬥爭。

九月九日，粵漢鐵路工人罷工的消息傳到安源。路礦當局害怕激化矛盾，急請李立三不要公佈萍鄉縣府讓俱樂部自行停閉的訓令，表示將與官廳疏通保護俱樂部。俱樂部則於十一日趁機提出出示官府保護俱樂部的告示和七日內發清從前積欠工人的存餉等三項要求，警告當局如二日內不圓滿答覆，即行罷工。在上海的中國勞動組合書記部也來函支持，鼓勵工人們不要為官威所降

---

172 中共中央文獻研究室編《毛澤東年譜》，上冊，第 98-100 頁。

服，與其因壓迫而死，毋寧奮鬥而死，並表示將沒法為他們聲
援。延至十三日午夜十二時，未能得到滿意答覆的俱樂部，遂下
令罷工。鐵路工人當即停開火車，拆除火車頭重要機件，煤礦工
人切斷電線，停駛運煤車，窿內工人如潮水一般一群群湧出窿
外，大呼「罷工」不絕。洗煤台、製造處、修理廠、煉焦處等也
於十四日上午相繼罷工。俱樂部組織監察隊各持白旗密佈街市及
工廠附近，以維持秩序和防止破壞。各處張貼俱樂部佈告，有
「候俱樂部通告方准開工」、「各歸住房，不得擾亂」等內容。總
指揮李立三在工人保護下居中祕密策應，全權代表劉少奇則長住
俱樂部出面應付一切。一萬七千名工人參加的安源路礦工人大罷
工，在高度組織下緊張有序地進行。

十四日，俱樂部發出《萍鄉安源路礦工人罷工宣言》。宣言
向各界父老兄弟姊妹申訴工人的痛苦境遇和罷工的原因，寫得哀
怨動人，其中有：

我們的工作何等的苦呵！我們的工錢何等的少呵！我們時時
受人家的打罵，是何等的喪失人格呵！我們所受的壓迫已經到了
極點，所以我們要「改良待遇」、「增加工資」、「組織團體——
俱樂部」。

現在我們的團體被人造謠破壞；我們的工錢被當局積欠不
發，我們已再三向當局要求，迄今沒有圓滿答覆，社會上簡直沒
有我們說話的地方呵！

我們要命！我們要飯吃！現在我們餓著了！我們的命要不成
了！我們於死中求活，迫不得已以罷工為最後的手段。我們要求

的條件下面另附。

我們要求的條件是極正當的，我們死也要達到目的。我們不作工，不過是死！我們照從前一樣作工，做人家的牛馬，比死還要痛苦些。我們誓以死力對待，大家嚴守秩序！堅持到底！

各界的父老兄弟姊妹們呵！我們罷工是受壓迫太重，完全出於自動，與政治軍事問題不發生關係的呵！請你們一致援助！我們兩萬多人餓著肚子在這裡等著呵！

宣言提出了十七條涉及維護工人權益的要求。俱樂部將這十七條函送路礦當局，稱當局如欲商談，「即請派遣正式代表由商會介紹與俱樂部代表劉少奇接洽」[173]。

路礦當局軟硬兼施，一面由總監工王鴻卿出面，讓各工頭動員其有親戚關係的工人開工，被罷工監察隊阻止後，又懸賞重金收買暗探，企圖刺殺李立三，因工人嚴加警衛亦不能如願，遂改取武力威脅，請由贛西鎮守使署將安源劃為戒嚴區，出價每人每天兩元，由旅長李鴻程任戒嚴司令，率領軍隊數百人入駐安源。另一面，則由地方商會和士紳作調人，與俱樂部進行談判。

勞資雙方最激烈的鬥爭發生在談判期間。罷工當天上午，商會代表謝嵐舫和地方士紳陳盛芳來到俱樂部，表示願充調解人，劉少奇即將十七條交其帶給路礦兩局。兩局當晚回信，表示各條

---

173 該罷工宣言及 17 條詳見劉少奇、朱少連：《安源路礦工人俱樂部略史》，1923 年 8 月 10 日。

皆可承認，但現在做不到，請工人先開工，再慢慢商談條件。劉少奇議其為「滑稽空言」，立予拒絕。十五日，兩局派出全權代表到商會，與李立三、劉少奇等談判，因仍堅持先開工後商條件，而無結果。十六日，紳商各界勸工人讓步先開工，全體工人則再次發表宣言，痛訴工人之苦，堅持如不承認條件無說話之餘地。中午，路礦當局意圖借軍隊來壓服工人，遂請工人代表劉少奇到戒嚴司令部商談。戒嚴司令李鴻程多方恐嚇劉少奇，稱「如堅持作亂，就把代表先行正法！」但劉少奇絲毫不為所動，反謂「萬餘工人如此要求，雖把代表砍成肉泥，仍是不能解決！」這時數千工人已將司令部包圍，喧聲如雷，聲言請工人代表出來，要司令、礦長到俱樂部去談。劉少奇出來與大家見面後，復入室續談。在工人們的強大壓力下，李鴻程和參與商談的副礦長舒修泰等都軟了下來，要求下午再談。劉少奇回俱樂部後，李鴻程「即來一信，代表駐軍向俱樂部道歉，並願自為調人，請從速解決」[174]。

安源工人的罷工，被全國各地報刊廣為登載，各地聲援之聲不斷；江西督軍蔡成勳及在北京的株萍鐵路局長王昌學也來電主和。[175]礦長李壽銓（鏡澄）面對內外形勢和壓力，十七日轉取調和、磋商態度。當晚，路礦兩局、俱樂部與商紳三方代表會談，

---

174 劉少奇、朱少連：《安源路礦工人俱樂部略史》，1923 年 8 月 10 日。
175 江西省總工會編《江西工人運動史》，江西人民出版社 1995 年版，第 59 頁。

將工人提出的十七條細加磋商，訂就草約。十八日上午，由三方全權代表，即萍礦總局舒修泰、株萍路局李義藩、工人俱樂部李立三，在路局機務段簽訂正式條約。條約內容為十三條：（1）路礦兩局承認俱樂部有代表工人之權。（2）以後路礦兩局開除工人須有正當理由宣佈，並不得借此次罷工開除工人。（3）以後例假屬日給長工，路礦兩局須照發工資；假日照常工作者需發夾薪，病假需發工資一半，以四個月為限，但須路礦兩局醫生證明書。（4）每年十二月須加發工資半月，候呈准主管機關後實行。（5）工人因公殞命，年薪在一百五十元以上者，須給工資一年，在一百五十元以下者，給一百五十元，一次發給。（6）工人因公受傷不能工作者，路礦兩局須予以相當之職業，否則照工人工資多少按月發給半餉，但工資在二十元以上者，每月以十元為限。（7）路礦兩局存餉分五個月發清，自十月起每月發十分之二；但路局八月份餉，須於本月二十日發給。（8）罷工期間工資，須由路礦兩局照發。（9）路礦兩局每月須津貼俱樂部常月費洋二百元，從本月起實行。（10）以後路礦兩局職員工頭不得毆打工人。（11）窿工包頭發給窿工工價，小工每日一角五分遞加至一角八分，大工二角四分遞加至二角八分，分別工程難易遞加。（12）添補窿工工頭，須由窿內管班大工照資格深淺提升，不得由監工私行錄用。（13）路礦工人每日工資在四角以下者須加大洋六分，四角以上者至一元者照原薪加百分之五。[176]

---

176 參見劉少奇、朱少連撰《安源路礦工人俱樂部略史》，1923 年 8 月 10日。

條約簽訂後，一萬多工人集中到大操場，召開罷工勝利慶祝會。李立三、劉少奇先後發表演說，希望大家永遠保持齊心協力的精神，繼續鬥爭，同時安心開工。會後，李、劉等率萬餘名工人舉行大遊行，高呼「勞工萬歲」等口號，旗幟蔽天，爆聲震地，熱烈非常。當天，全體工人復工。歷時五天的安源工人大罷工，勝利結束。

安源工人大罷工是尚處幼年的中共領導工人運動取得的第一次完全的勝利，當時即被認為「實在是幼稚的中國勞動運動中絕無僅有的事」，在中國工人運動史上占有重要的地位。這次罷工鬥爭所以能夠取得完全勝利，主要原因是：

第一，中共組織的得力的動員領導是勝利的根本原因。毛澤東的多次深入安源工人群眾中的動員宣傳，以及為罷工鬥爭確定方針策略、組織領導；李立三的長期與工人在一起，實際主持動員、教育和組織工作，成為深受工人愛戴的領導人；劉少奇的堅持在罷工第一線領導鬥爭，被工人譽為「一身是膽」，以及朱少連、蔣先雲等其他許多中共黨員的深入工作，共同形成為一股堅強有力的領導力量，保證了罷工鬥爭始終在有理有節中進行並取得勝利。

第二，工人遵守紀律，秩序良好，顯示了有組織的強大力量。罷工發生時，商家害怕搶劫，大起恐慌。但罷工秩序之好，出乎意料。罷工後，「工人舉動，則極為文明」[177]，他們各歸住

177 《萍鄉路礦工潮之經過》，《申報》1922 年 10 月 28 日。

房，每房派一人到俱樂部聯絡，有事即一呼百應，如臂使指。俱樂部命令之嚴，遠過軍令，平時街上賭錢及窰工食宿處賭博的現象，在罷工時均絕跡；各重要處所均有工人監守和巡視，非俱樂部條子不得通行，以至連路礦兩局及戒嚴司令部也到俱樂部請發通行徽章。工人們對罷工領導人的保護，更是周密。因此，中國勞動組合書記部總結罷工的勝利經驗，也讚揚安源工人「是很有戰鬥能力和組織能力的」。

第三，鬥爭策略既實際又靈活。罷工中運用「哀兵必勝」的策略，博得了社會和輿論的廣泛同情。俱樂部主動行文萍鄉縣署和贛西鎮守使署，說明罷工原委；對參加戒嚴的軍隊，亦以理說服，致使擔任戒嚴司令的李鴻程旅長，也「知工人此舉在要求改良生活，非武力所能解決，因而對於這次罷工，後來反積極維持，出力甚多」[178]。針對工人中加入紅幫（洪幫）者較多的情況，俱樂部則採取了對幫會首領團結爭取的策略。李立三在罷工前夕親自去見紅幫首領，同喝雞血，並宣傳保護窮人等道理，提出在罷工時鴉片館關門、街上的賭攤收起來和不發生搶劫案等三項要求，得到紅幫首領連拍三下胸脯的保證，並在罷工時均一一實現。這件事當時在社會上震動很大，「甚至一些資本家和知識分子也都認為俱樂部了不起」[179]。

---

178 劉少奇、朱少連：《安源路礦工人俱樂部略史》，1923 年 8 月 10 日。

179 《李立三同志談安源工人運動》，中國社會科學院近代史所、安源工人運動紀念館編《劉少奇與安源工人運動》，中國社會科學出版社 1981 年版，第 148 頁。

3. 安源工運的延續

　　安源工人罷工鬥爭的勝利，是全國第一次工人運動高潮中一件「增了中國勞動運動歷史的光榮不少」[180]的大事，在中國工人運動史上占有重要的地位。罷工鬥爭勝利後尤其是鄭州二七慘案發生後，安源工人運動繼續發展，進一步創造了中國工運的奇蹟。

　　一是俱樂部組織進一步擴大和嚴密。一萬多名工人在罷工勝利後要求加入俱樂部，俱樂部遂乘勢進行改組，實行自下而上的代表制即「民主的集權制」，以十人團為基本組織，每十人為一團，選舉十代表一人；十團選舉百代表一人；每一工作處選舉總代表一人；百代表、總代表均由該處十代表選舉，各處總代表組織最高代表會，作為俱樂部最高決議機關，商決各項重大事項；由各百代表組織百代表會議，作為俱樂部的複決機關，議決最高代表會提交的複決案件。[181]如此，安源路礦的全體工人，便「完全組織在一個嚴密系統之下」[182]。一九二二年十月，俱樂部完成了自下而上的選舉，選舉李立三為路礦工人俱樂部總主任，朱少連為路局主任，劉少奇為窰外主任，余江濤為窰內主任，以及總代表四十五名，百代表一百四十餘名，十代表一千三百八十二

180　《中國勞動組合書記部祝安源路礦工會罷工勝利週年紀念電》（1923年9月18日），《劉少奇與安源工人運動》，第113頁。

181　詳見劉少奇、李求實《俱樂部組織概況》（1923年10月），《劉少奇與安源工人運動》，第46頁。

182　鄧中夏：《中國職工運動簡史（1919-1926）》，人民出版社1979年版，第111頁。

名。俱樂部內設文書、會計、庶務、教育、宣傳、互濟、遊藝、交際八股，四名主任與各股股長組成幹事會，作為最高代表會的執行機構。俱樂部實際成為工人的准政權組織，在安源工運中繼續發揮著中心的作用。

二是打破包工制。罷工勝利後，工頭職員不能剝削工人了，於是密謀破壞工人俱樂部，遭到工人重懲。工人俱樂部便進一步決定廢除包工制，改為合作制，議定合作辦法為：窿工處工頭每月工資為十元至三十元，工人工資照罷工時條約不改，其餘各項消耗費，歸合作賬內開支，所得紅利百分之十五歸工頭，百分之五歸管班，百分之八十由工人平分。窿外依各處情況不同臨時規定。至此，在安源煤礦推行二十多年的包工制，被完全打破。

三是與漢陽、大冶鐵廠工會形成聯合，一九二二年十二月十日，在漢陽建立了漢冶萍總工會。這是當時全國最大的一個產業工會，擁有會員三萬多人。三處工會的聯合，當時被認為「結成一條強固精密的階級戰爭的廣大戰線，開中國勞動運動未有之創局」[183]。

一九二三年京漢鐵路工人「二七」大罷工失敗後，全國工人運動陷入低潮。但安源工運仍是一個高漲的形勢。在路礦當局方面，雖然也接到交通部封閉工會的電令，但當局因「安源工人勢力集中，產業又極重要，工人組織力與戰鬥力亦相當豐富，若封

---

183 《武漢勞動組合書記分部祝詞》，轉引自陳文華、陳榮華主編《江西通史》，第 757 頁。

閉工會，無疑的必遭到工人決死的反抗，於礦山生存實有重大危險」，故而「不敢遽爾壓迫」[184]；在俱樂部方面，反而執行正確的方針和策略，做出了很多的成績，最大的如進一步創辦消費合作社、工人教育，繼續取得資方對工會和工人的資金支持，繼續公開舉行各種大的會議及示威遊行，援助和支持全國各地工會團體及失業工人等。[185]因此，安源工運這時再次出現蓬勃發展的景象，得到中共的高度評價。鄧中夏在其《中國職工運動簡史》中，將安源工人俱樂部譽為「碩果僅存的安源工會」，指出「在此消沉期中，特別出奇的要算安源路礦工人俱樂部」，不但仍舊巍然獨存，一直支持下去而不潰，而且做出許多成績，竟然好似工人的「世外桃源」。出現這種獨特的現象，從根本上說，是李立三及在一九二三年四月後接替他職位的劉少奇等的正確領導，以及安源工人齊心、奮鬥的結果。

一九二五年九月，安源工運遭到路礦當局和反動軍閥的殘酷鎮壓。主持俱樂部工作的副主任黃靜源等數十人被逮捕（黃靜源 10 月被殺害），傷亡工人數十人（遭槍擊死亡 6 人，傷 30 多

---

184 鄧中夏：《中國職工運動簡史（1919-1926）》，第 110 頁。另外，當時一部分民族資本家對北洋政府的鎮壓政策也不贊成，如漢冶萍公司芷事會會長孫寶琦在 1923 年 2 月 10 日就工潮問題致公司副經理函中指出：工潮「是潮流所趨或含有別種作用，預防方法惟有責成各廠礦首領平時待遇工人宜採取寬大主義」，「如仰仗政府以強力抵制，雖能平息於一時，而惡感日深，一旦暴動，更難處理」。這應是安源煤礦當局不取武力封閉工人俱樂部政策的重要原因。
185 詳見劉少奇《二七失敗後的安源工會》，《劉少奇與安源工人運動》，第 48-51 頁。

人），工人俱樂部被封閉。[186]當局製造「九月慘案」和殺害工人領袖，受到社會的譴責。此後，安源工人匯入國民革命的洪流，其「革命精神並未稍殺，於是投入革命軍者有人，在各地領導農民組織協會者有人，革命種子，於是遍佈湘鄂各地點」[187]。

186 詳見《江西工人運動史》，第87-89頁。
187 《江西工人運動史》，第91頁。

第二章————

北洋時期江西的
經濟與文化

　　民國成立後，江西政權最初為革命黨人所掌握。一九一三年秋「二次革命」失敗，北洋軍閥入主江西，開始了對江西長達十四年的統治。在這一時期，江西被捲入激烈的社會大轉型潮流，主動而更多的是被動地走上近代化的路途：一方面，北洋軍閥的暴戾恣肆和多年戰亂，給江西人民帶來深重的災難；另一方面，因為時代的變化，全省政治、經濟和文化形態也發生著深刻的變化，出現了許多以往所不曾有的新鮮事物。江西曾長期處於南北戰爭的前線，境內多次發生過局部戰爭和客軍過境，時局動盪在不少年份成為基本特徵，而新的政治學說、思想觀念、政黨組織和文化運動，通過上海、北京和廣東，也相繼傳入江西並在社會尤其是青年中引起巨大反響。軍閥始終主導著全省政權，但在民主共和的大背景下，行政體制也有較大的改變和創新；中國國民黨和中國共產黨均在江西建立了自己的組織，並引導國民革命和工農運動蓬勃發展。農業優勢的主體地位仍然保持，但新興的資本主義經濟有所發展，繼清末之後，再次出現一個創辦新式實業的小高潮。近代教育體制逐漸建立，中小學教育和留學教育出現新的氣象。所有這一切，構成這一時期社會變動和社會轉型的基本內容和重要特點，也折射出歷史的複雜性和多樣性。

第一節 ▶ 近代經濟的繼續發展

一　新式實業的艱難生長

　　近代經濟與古代經濟的根本區別，是新興資本主義經濟的生

長和發展。江西新式實業，產生於十九世紀末。新式實業，實質上就是新興的資本主義經濟。一八九五至一九一一年，江西在晚於周邊省份一二十年後，出現一個興辦新式實業的高潮，產生了新興的資本主義經濟。在近代經濟史的劃分上，人們通常將繼其後的 一九一二年至一九二七年，視為中國資本主義的生長期。經過此前的產生期以後，江西新興的資本主義經濟，在這個時期有較大的發展。下表可以概見這個時期江西新式實業生長的全貌。

·北洋政府時期江西全省新式實業一覽表[1]

成立年代	名稱	所在地	資本（萬元）	經營性質	創辦人或企業代表	備註
1920	久興紡織公司	九江	252	商辦	張勳、周緝之等	1927 年開工
1916	大生染織公司	南昌	9	商辦	黃邦懋、萬方任	
1921	利豐麵粉公司	九江	30	商辦	傅紫庭、胡養新	

1 本表根據中國第二歷史檔案館編《中華民國檔案資料彙編》，第三輯，「工礦業」，第 354-420 頁《北洋政府時期工業統計表》、第 906-921 頁《北洋政府時期礦業統計表》；「農商」，第 1408-1422 頁《北洋時期商業公司簡表》；「金融」，第 556-588 頁《北洋政府時期全國銀行一覽表》等附錄以及杜詢誠：《民族資本主義與舊中國政府》，上海社會科學院出版社 1991 年版，附錄《歷年所設本國民用工礦、航運及新式金融企業一覽表》綜合製成。

成立年代	名稱	所在地	資本（萬元）	經營性質	創辦人或企業代表	備註
1914	大生米廠	景德鎮	1	商辦		
1925	兆余豐記米廠	南昌	3	商辦		
1920	裕生火柴公司	九江	25	商辦	金浩如，一說劉鴻生、金少三	一說資本10萬元
1917	寧茶振植公司	修水	17	商辦	柯錦廷、陳聘萃	1915年由唐吉軒等創辦
1924	利用火磚廠	不詳	不詳	江西實業廳		
1923	江西新華窯廠	景德鎮	1.2	商辦	鄒潔珊、舒似藩	
1924	天祐華瓷業公司	不詳	不詳	江西實業廳		
1918	高松大肥皂廠	九江	0.5,後增資至2萬	商辦	高佩西，1922年增加鄭偉生	後更名為松大仁燭皂廠

成立年代	名稱	所在地	資本（萬元）	經營性質	創辦人或企業代表	備註
1924	章江燭皂廠	南昌	2	商辦	蕭貽遠	
1917	映廬電燈公司	九江	5	商辦	許鴻模、唐伯龍	1925年增資10萬元
1917	光華電燈公司	贛縣	5	商辦	羅易元	
1918	永耀電燈公司	吉安	7	商辦	戴乃溢	
1919	光耀電燈公司	吉安	7	商辦	戴乃溢	
1919	景耀電燈公司	景德鎮	16.5	商辦吳濟中，一說李偶耕、魏皁歐	一說資本10萬元	
1920	吉州電燈公司	吉安	6	商辦	蕭子俞、王崇鼎	一九二四年增資至10萬元
1920	廣耀電燈公司	鉛山	6	商辦	劉虎	

成立年代	名稱	所在地	資本（萬元）	經營性質	創辦人或企業代表	備註
1925	普濟自來水公司	九江	不詳	商辦	不詳	
1926	光裕電燈公司	臨川	4		江西實業廳	
1913	阜安煤礦	吉安	1.1	商辦	不詳	
1914	順濟煤礦公司	豐城	60	中日合資	管尚華、河野久太郎	
1919	鄱樂煤礦公司	鄱陽、樂平	60,一說100萬元珍	商辦謝天錫、朱佩、林光裕	1920 年增資到 600萬元	
1927	花彭山煤礦公司	新喻	10	商辦		
1923	樂平猛礦	樂平	不詳	商辦	張樹棠	

成立年代	名稱	所在地	資本（萬元）	經營性質	創辦人或企業代表	備註
1915	仙居鐵礦公司	九江	200	商辦	楊士驄	1919年改為王揖唐領辦，增資60萬元
1916	上珠嶺鐵礦	萍鄉	5	商辦	賀國昌	
1914	崇義鎢礦	崇義	不詳	商辦	楊哲偉	
1914	西華山鎢礦	大庾	不詳	商辦	蕭琦	
1923	正德滑石公司	貴溪	0.5	商辦	李稱、李樹阿	
1922	亨大利鐘錶公司	南昌	0.9	商辦	吳守道、吳子章	
1923	美華鐘錶眼鏡公司	南昌	0.9	商辦	吳子章	
1923	大進靴鞋公司	南昌	0.4	商辦	熊嘉祥、熊福祥	

成立年代	名稱	所在地	資本（萬元）	經營性質	創辦人或企業代表	備註
1914	晉康輪船局	九江、南昌	5.8	商辦	小船6只，181噸	
1915	利濤輪船局	九江、南昌	3	商辦		小船5只
1918	亞洲輪船局	九江	3.4		小船2只，100噸	
1924	捷安輪船公司	江西	不詳	商辦		
1912	江西民國銀行	南昌	87.2	官辦	地方政府	1916年改名江西銀行
1912	江西勸業銀行	南昌	6	官辦	地方政府	1916年歇業
1912	贛省儲蓄銀行	南昌	5	官辦	地方政府	1916年歇業
1916	南昌振商銀行	南昌	20	商辦	侯銘鼎、侯國浚	
1919	同益銀行	南昌	25	商辦	包竹峰	1925年資本額

成立年代	名稱	所在地	資本（萬元）	經營性質	創辦人或企業代表	備註
1919	新安商業銀行	南昌	商辦	同年停業		
1919	南昌振商銀行	南昌	155	商辦	胡慶培、龔士材	
1920	江西惠通銀行	南昌	30	商辦	鄒日焙、蕭子韻、侯勳臣	1925 年資本額
1920	振華銀行	南昌	50	商辦	袁秋舫、盧頹窗	
1920	華泰銀行	南昌	30	商辦	1927 年資本額	
1920	利商銀行	吳城鎮	10	商辦	劉炎南	一說 20 萬元
1920	同益商業銀行	南昌	25	商辦	包竺峰、傅紹庭	
1920	萬載實業銀行	萬載	不詳	商辦	辛際唐、龍晃	
1921	江西銀行	南昌	25	官商合辦		
1922	振華商業銀行	南昌	20	商辦	張叔儼、袁曲帆	

成立年代	名稱	所在地	資本（萬元）	經營性質	創辦人或企業代表	備註
1922	贛省銀行	南昌	25	官商合辦	約1925年收歸官辦	
1923	振興茶業銀行	修水	5	商辦	李箴文、章國華	
1923	福利商業銀行	河口鎮	5	商辦	朱爾政、丁翁	
1923	公共銀行	南昌	25	官商合辦	全省善後討論會	1925年資本額
1924	保成商業銀行	清江	10	商辦	嚴為寶姚公禮	
1915	和興順股份公司	鉛山	不詳	商辦	艾變堂	
1920	珠山采木股份公司	景德鎮	0.5	商辦	周祖謳、高翔	在鄱陽視田設分公司

　　表中所列，難言完全。但從中也可看出，在清末江西屬於資本主義性質的新式實業產生的基礎上（當時興辦資本萬元以上的新式實業約30家），北洋時期繼續興辦江西新式實業，在規模和數量上均有所擴大，資本萬元以上的實業已增加了五十五家。

一些清末開辦的企業，在北洋時期有了更大的發展（也有的倒閉歇業），最顯著的如萍鄉安源煤礦，這是江西最早的近代企業之一，進入民國後生產的近代化程度日高，在二〇年代已具備較強的生產能力，全礦「煤槽鐵軌，六通四達；煤窿電車，往來不絕。外而洗煤機、煤磚機、煉焦爐，附設之機器廠、火磚廠；余如醫院、學堂、米倉、料庫之屬，因地制宜，規模完備。……日出煤二千噸，月可煉焦一萬二千噸，年可造磚六七萬噸，造火磚數萬噸。……而轉運分銷，如湘之株洲、湘潭、長沙、岳州；贛之九江、南昌；皖之安慶、蕪湖、大通；蘇之南京、鎮江、常州、上海，各有分局。而於漢口設運銷總局，以匯上下游各分〔局〕之總。輪艘囤儲之廠棧，逐年加增，咸足備用。額定銷數，除專供漢陽鐵廠焦煤外，如長江各項商輪，京漢鐵路火車，長江各埠各局廠，及其他西洋之兵輪，東洋之制鐵所，咸取給焉。而美屬舊金山各廠商，亦以貨高價廉，遠來議訂。蓬勃之勢，聲振遐邇，此誠我國第一之實業也」[2]。而新開辦的企業，則不但相繼填補著近代江西產業的空白，為生產力的發展提供了嶄新的內容，而且有的企業、產業呈現良好的發展勢頭，特別是豐富的地下礦藏相繼採掘，一九一五年在大余西華山首先發現鎢礦，立即震動一時。因正值第一次世界大戰，需求旺盛，高價收買，西華山遂極一時之盛。到一九一八年前後，贛南地區已發現鎢礦三十餘處，且「營業發達，公司林立」，其產量居世界產鎢

2　李壽銓：《萍礦說略‧序》，轉引自《萍鄉煤炭發展史略》，第67頁。

· 萍鄉煤礦全景（《中國歷史圖説》）

國家的首位，占據中國總產量的百分之七十。一九一八年高達一點三萬噸，一九一九年到一九二六年間，年產量也常在九千噸上下。[3]

　　這一時期開辦的新式實業，在江西近代歷史發展中具有進步性，值得肯定。當然，如果放在全國格局中看，不足也很明顯。這主要是：第一，江西興辦的實業總量仍然不多，該時期全國興辦資本萬元以上的企業二千多家，江西實際上達不到各省的平均數，較之周邊省份，差得更多。第二，分佈侷促，規模不大，在

3　詳見江西省建設廳編《江西建設彙刊》（1930 年 1 月）第 61-64 頁；《江西建設三年計劃》，1932 年 12 月出版，第 402 頁；民國《江西通志稿》，第 19 冊第 77、80 頁。

· 江西銀行 1916 年印發的五元兌換券。(《中華印刷通史》)

當時四十七類開辦有新式企業的行業中，江西僅在十六七個行業辦有企業，企業較多的行業僅為銀行業和航運業，以銀行為例，僅南昌一地「所有各銀錢行號，計官商合辦者則有江西銀行、贛省銀行、公共銀行。商辦者則有振商銀行、惠通銀行、振華銀行、同益銀行、華泰銀行。其他銀號、錢莊，城廂內外亦不下四五十處」[4]。其他行業的新式企業則屬寥寥，「更不足以語重工業」，還談不上結構和覆蓋的問題。除少數幾個大企業外，其餘大多數資本較少，規模較小，設備簡陋，包括更多的上表未列出的小企業，「實遠未達新式工廠標準」[5]。第三，工商業經濟在整體上發展程度不高，因而對全省財政的貢獻不大。由於缺乏近代工商經濟的有力支撐，江西財政除少數年份外大多相當拮据，以致於眾多銀行漫無限制，任意發行紙幣，造成經濟秩序混亂和赤

4　《周九齡陳述江西各銀錢行號近況呈》，1925 年 6 月 2 日。
5　《十年來之江西工業》，江西省政府編《贛政十年》(23)第 4 頁。

字嚴重。[6]因此，江西新興經濟的發展，與歷史比有很大的進步，但在全國的格局中，則處於較為落後的位置。

造成新式實業不能有更大發展的原因，不一而足。既有封建制度的壓制，戰爭的影響，也有觀念滯後、資金投入不足、商品產出不暢等問題。這些原因的集中表現，便是沉重的釐金制度。江西這時的釐金稅捐仍在一個較高的位置。據北洋政府財政部的統計，江西一九一六年至一九二二年的釐稅實收情況為[7]：一九一六年二百六十五萬一千九百三十六元；一九一七年二百六十五萬一千六百八十四元；一九二○年三百二十三萬三千零一十九元；一九二一年二百六十五萬五千一百五十六元；一九二二年二百四十九萬二千零三十一元。在全國有統計數字的二十七個省區中，以江西的徵收稅率最高，為值百抽十，即經過稅關時，商品貨物價值一百元者要完納十元的稅金。而其他省區與江西有很大的不同，如浙江、陝西等八省區值百抽五，福建、湖北等四省區值百抽三，四川、河南、直隸等四省區值百抽二點五，山東、安徽、湖南、廣東等六省區值百抽二，江蘇抽一點五至二。江西近代工商企業不能有更大發展，釐稅過重是一個致命性的原因。因此，江西新式實業在北洋時期，經歷的是一個相當艱難的生長過程。

6　《江西省議會為市面紙幣充斥物價高騰請飭省主管機關通令公私各銀行限期收回的快郵代電》（1923 年 3 月 9 日），《中華民國史檔案資料彙編》，第三輯，金融，第 806 頁。

7　據財政部 1916 年、1917 年、1920-1922 年各省區釐金稅捐實收數表整理，《中華民國史檔案資料彙編》，第三輯，財政（一），第 1483-1487 頁。

二 農業經濟的起伏

江西向來為糧食主產區，是農業發達的省份。但在十九世紀中後期，因為江西是太平軍與清軍戰爭的主要地區之一，造成人口嚴重傷亡，「實際上結束了江西在十九世紀後期的糧食輸出者地位」[8]。這個下降的曲線，進入二十世紀後開始抬升，在一九一六年前後江西農業達到一個新的高點，但後來又有反覆和下降。

從十九世紀八〇年代起，江西農業中出現零星的資本主義經濟。進入民國後，這一新經濟繼續發展。最有代表性的，如一九一五年廣東商人唐吉軒等集資十三萬兩，在修水創辦寧茶振植有限公司。該公司「購備制茶機器，自辟茶園，其目的在求由栽培、製造以至販賣，相提並進，謀整個的發展。其目標既甚高遠，規模亦頗宏大，在寧茶占有重要地位」[9]。其後，該公司復加入新人，增加資本，對扶植修水茶葉生產尤其是銷售，起了良好作用。只是，當時江西農業中這種產銷合一的資本主義性質的經濟實體，為數極少。

占農業主導地位的，還是傳統的自然經濟。當時調查全省農田面積，一九一四年為三千四百二十六點一萬畝，一九一六年為三千五百九十五點七萬畝，一九一八年為三千六百三十一點五萬

8　〔美〕德・希・珀金斯著，宋海文等譯《中國農業的發展（1368-1968）》，上海譯文出版社 1984 年版，第 200 頁。

9　俞海清：《江西之茶業》，彭澤益：《中國近代手工業史資料》第二卷，三聯書店 1957 年版，第 685 頁。

畝，整個北洋時期，未能超過四千萬畝，較此前清同治時期的四千六百萬畝和此後國民黨統治時期的四千多萬畝，相差數百甚至上千萬畝[10]。北洋政府對農業發展，也有一些扶持政策，如倡修水利、提倡良種、改良茶業、減少茶葉出口稅等。全省農林產品的生產，主要有糧食、茶葉、大豆、棉花、麥子、菸草、靛青、花生、菜油、茶油、柏油、桐油、樟腦油、木料、木柴等。糧食生產以一九一八年前的數年間最好，一九一四至一九一八年江西的稻穀平均年產量，據計算約為一百二十四億斤。[11]

農林產品除自用外，基本保持著一個較高的出口態勢。據九江海關關於一九一六和一九一七年出口情況的記載：「就出口貨表觀之，豆子暨米麥、棉花，均極暢旺，水靛尤形發達，……米一項，自五年一月九日弛禁後，是年出口之數，已達三十六萬六千四百餘擔，本年竟增至六十三萬五百餘擔，此為本關冊紀以來所未有者。」[12]但這個數據仍不能完全反映江西糧食的生產及剩餘狀況，一是出口處不止九江一地；二是江西時常發生禁止米穀出口的情況，往往在開禁後的一年會出現出口的劇增，如一九一

10　數字詳見民國《江西通志稿》第 19 冊，第 2 頁。這個數據，也含有估計，故難言準確。但其中 1916 年數字，被註明來源為北洋政府農商部調查。而珀金斯著《中國農業的發展》第 338 頁所載 1914-1918 年江西每年平均的稻田面積，即有 4382 萬畝。

11　據珀金斯《中國農業的發展》第 338、370 頁載，江西 1914-1918 年間，年平均稻田面積 4382 萬畝，產量 124 億斤。

12　《中華民國六年九江口華洋貿易情形論略》，《一九一七年通商海關華洋貿易全年總冊》下，第 688 頁，存中國第二歷史檔案館。

九年禁止米穀出口，一九二〇年出口即達到二百五十萬擔。因此，有研究者認為，江西在一九一五年後又成為一個大的糧食輸出者了。[13]大量農產品出口的情況說明，江西農產品的商品率程度，在北洋時期繼續保持在一個較高的水平上。因此，有人分析這個時期農林產品生產量及輸出概況後認為，江西同時也「為農商業最發達之區」[14]。

農業中的另一個新情況，是九江開埠以來外資收購農產品的情形，趨於加強。江西煙葉生產，以鄱陽、廣豐兩縣為最著。鄱陽所產者，多制本國煙絲，外人鮮有販運。廣豐所產者，自一九一七年來，幾全為外人販去。一九一九年煙葉收成頗好，英、美、日本各煙商群聚購買，而尤以美商所收為最多。美商美星行先後分三批購運六千餘擔，日商伊藤行也購買了一千五百餘擔，英商裕通行分兩批購買了三千五百餘擔，三國總計購買一萬二千餘擔，平均每擔價格以二十五元計算，總共合洋三十餘萬元。「以故近年來所有田地，多變為種煙之用，蓋以利之所在故也。又聞瑞金所產之煙葉，亦多為外人所購去。」[15]

這個時期的全省農業生產，也遇到新的困難。這主要是：第一，九江開埠通商後，國外以棉紗、棉布、紙張等為主的商品大量進入內地，對江西的自然經濟和農民的生產生活形成較大的衝

13　《中國農業的發展（1368-1968）》，第200頁。
14　江西省政府經濟委員會編《江西經濟問題》，1933年印行，第1頁。
15　《農商公報》65期，1919年12月，章有義《中國近代農業史資料》第二輯，第152頁。

擊。[16]第二，國內外形勢的變化，對農產品的國內、國際市場形成衝擊，影響到江西農產品的生產與輸出。例如江西茶葉一向在出口中占有很大比重，但第一次世界大戰發生後，英國禁止華茶入口，俄國因國內發生革命而使交易大減，江西茶葉「以致大遭打擊」，一九一七年比上年出口的二十九萬五千二百擔減少六萬一千八百擔，此後亦逐年降低，致使一九一五年起出現種茶高潮衰退。[17]當然，江西農產品也有因第一次世界大戰而得到厚利的，如著名的江西靛青產銷，因歐戰發生、需求旺盛而出現盛況。樂平等為江西最大之靛青產區，所產者頗著名。「當歐戰初起時，種植藍樹，成為該地之主要農業。」靛青在清末時每二百斤只值二三元，歐戰時則漲至二十元；一九二〇年時每畝產值降為十元，而在一九一七至一九一八年則為六十元。[18]第三，戰亂、災害和釐金制度的嚴重影響。江西在一九一二至一九一五年、一九一八年、一九二四至一九二五年，均發生嚴重的水災，破壞極大。釐金制度對農業的影響也極明顯，如贛南地區所產之糖，遠銷湖口及安慶、漢口等處，「近因釐金較繁，成本太重，

16　陳榮華、何友良：《九江通商口岸史略》，第 122-151 頁；萬振凡、吳小衛：《近代江西農村經濟研究》，江西高校出版社 1998 年版，第 177-183 頁等，對此均有詳細分析。

17　《中華民國六年九江口華洋貿易情形論略》，《一九一七年通商海關華洋貿易全年總冊》下，第 690、695 頁。

18　《中國經濟月刊》2 卷 8 期，1925 年 5 月，章有義：《中國近代農業史資料》第二輯，第 146 頁。

銷路阻滯，製糖種蔗之戶，均漸次減少」[19]。第四，稅捐和地租較高，對農民的再生產影響極大，致使農業的內部生產環境較為惡劣。例如田賦，江西一九一五至一九一八年間，實收在四百四十萬至五百二十萬元之間；地租，北洋時期全省六十八縣中，除萍鄉、梓山、銅鼓、分宜、宜春、尋烏六縣未詳外，其他六十二縣中地租占收穫量的比率，在百分之五十以下的僅十二縣，占百分之五十的有二十二縣，百分之五十五的有四縣，百分之六十的有二十六縣，百分之六十五的一縣，百分之七十的四縣，還有兩縣占百分之七十五。[20]大多數縣地租的比率，超過了土地收穫量的一半，最高的竟然占到了三分之二。因此，江西農戶「終年碌碌而負債纍纍，不能飽暖者，迨居十之四五」[21]。

三　南潯鐵路的通車

　　江西修建鐵路，始於清末。境內最早建成的一條鐵路，是一八九九年十二月動工、一九〇六年竣工通車的株（洲）萍（鄉）鐵路，全長一百零一公里。這是全國鐵路總公司修築、為運輸萍鄉煤炭的一條官辦鐵路。

　　江西自己修築的第一條鐵路是南潯鐵路。一九〇四年秋，江

19　高文炳、葛敬猷：《調查江西省糖業報告》，《農商公報》第 4 期，1914 年 11 月。

20　《農民運動》，第 25 期，章有義：《中國近代農業史資料》第二輯，第 102 頁。

21　《各地農民狀況調查》，新建（裘俊夫），《東方雜誌》第 24 卷第 16 號（1927 年 8 月 25 日），第 143 頁。

西京官李盛鐸等百餘人受全國收回鐵路自辦形勢的影響，呈請商部創辦江西通省鐵路總公司，將全省鐵路統歸本省紳商自行承辦，得到允准。當時計劃，擬以南昌為中樞，修築一條幹線（九江經南昌至廣東南雄）、三條支線（南昌至福建、南昌至浙江、南昌經萍鄉接株萍鐵路）。後因經費無著，先修南昌至九江鐵路，一九〇八年開工，因九江簡稱為「潯」，這條鐵路遂稱南潯鐵路。鐵路因借日款修築，全部工程遂由日本大倉洋行承辦。到一九一一年，僅修成九江至德安段即因款絀而停工。一九一二年五月，九德段通車。

一九一二年，南潯鐵路改為官商合辦，成立南潯鐵路有限公司，以吳鈁為總理（繼任者有孫多森、李盛鐸、蔡儒楷），趙世瑄、羅兆棟（繼任者有劉廷琦、劉世珍、張肇達）為協理，繼續開工修築。由於資金短缺，七月向日本東亞興業會社借日元五百萬元，年息六點五釐，限十五年還清本息，以全路財產及進款抵押，規定到期本利未還，即由日方代行營業。一九一四年五月，續借日元二百五十萬元，一切條件仍舊。一九一五年十一月，德安至南昌（牛行）段建成通車。全路總長一百三十公里（含十公里延長線），總建設費截至一九二一年，為九百零六萬七千零一元。[22]

22　曾鯤化：《中國鐵路史》，第 3 冊，台北文海出版社版，第 879-884 頁；《中華民國史事紀要》，1915 年 1 月 10 日；王曉華、李占才：《艱難延伸的民國鐵路》，河南人民出版社 1993 年版，第 23、27、66 頁。

南潯鐵路建成通車後，改善了贛北的交通條件，特別是結束了江西最主要的兩個城市南昌和九江之間靠航運聯繫的歷史，也極大地方便了江西人員與物產的進出。據記載，南潯鐵路的載客人數和貨物運輸，以一九一六年剛通車的一年為最低，在一九一七至一九二一年間，載客量每年在二十八萬人左右，運貨量在十一萬噸左右。雖然由於初期營業「所入固微，即應付息款，亦不能以時給」[23]，但這種狀況很快有了改變。這條鐵路對江西政治、經濟的意義，是不言而喻的。[24]

　　與大張旗鼓修建鐵路不同，這期間江西公路的修築要落後得多。清末修築九江到廬山腳下蓮花洞的公路，為江西公路建築之嚆矢。當時修成路長為十三公里。進入民國後，江西修築公路「雖屢有倡議，未見實施」[25]。一九二五年，當局感到省境內交通不便，曾規劃興修省道，以利運輸，為此設立江西省道局。江西有路政機關，即由此始。省道局著手興修南昌到蓮塘的南蓮公路，尚未竣工，因北伐戰爭而中止。

<hr>

23　《中華民國六年九江口華洋貿易情形論略》，《一九一七年通商海關華洋貿易全年總冊》下，第 685 頁。
24　1923 年 3 月，江西督理兼省長蔡成勳還以九江瀕臨長江，商業繁盛，自南潯鐵路修成後，水陸交通益形方便等為由，請北京政府允准在九江英租界以外的地區，開闢九江商埠，自任督辦，並任前贛南道尹陳畎元為商埠局局長，5 月得到北京政府的允准。
25　江西省建設廳編《江西建設事業概要》，江西省圖書館《江西近現代地方文獻資料彙編》，初編第 2 冊，第 1-2 頁。

四　進出口貿易的小幅增長

進出口貿易是一地經濟發展狀況的一個反映。在一九一二至一九二六年間，江西全省進出口貿易的大致情況，可見下表：

· 1912-1926 年江西省進出口貨值統計表心[26]　　　　　　單位：關平兩

年份	進口	出口	出超（＋）或入超（－）
1912	16 557 235	18 104 415	＋1 547 180
1913	16 836 936	15 514 494	－1 322 442
1914	21 107 996	16 451 675	－4 656 321
1915	18 163 859	21 114 261	＋2 950 402
1916	18 985 561	23 143 435	＋4 455 843
1917	13 644 844	23 271 150	＋9 606 266
1918	18 863 631	21 180 299	＋2 316 668
1919	18 977 441	24 284 682	＋5 307 241
1920	24 210 508	24 205 785	－4 723
1921	24 835 968	18 621 597	－6 214 371
1922	21 618 445	22 472 864	＋854 419
1923	30 471 744	30 642 386	＋170 642
1924	32 066 995	32 549 148	＋482 153

26　《江西省歷年主要產品輸出數量統計圖表》，《江西近代貿易史資料》，江西人民出版社 1988 年版，第 322-323 頁。表中數據可能也有不準確者，如 1914 年僅經九江海關的出口貨值即有 21145791 海關兩（陳榮華、何友良：《九江通商口岸史略》，江西教育出版社 1985 年版，第 108 頁）。

1925	28 540 099	28 153 180	− 386 919
1926	29 934 068	26 100 185	− 3 833 883

　　這期間全省的進出口貿易，在整體上，十五年中有九年處於出超，六年處於入超的狀況，基本上保持了自一九〇四年起扭轉過來的出超趨勢，是一個相對較好的經濟貿易時期。從進口看，進口商品主要為棉紗、布料、襯衣、藥品、麵粉、煤油、火柴等日用工業品和鋼鐵及鋼鐵製品等，每年進口的總值，較之一八六五至一八九四年間每年經九江海關進口在二千六百萬至四千五百多萬兩之間情況，是一個明顯的下降趨勢；較一九〇四至一九一一年（最高的一九一〇年為 17677840 兩，最低的一九〇六年為 9219728 兩，年平均為 12725395 兩），則有較大幅度的上升。從出口看，江西的出口商品，除瓷器外，主要是農副產品和一兩種礦產，有茶葉、米穀、棉麻、瓷器、紙張、花生、大豆、煤炭、鎢砂等。這期間每年出口的總值，較之一八六五至一八九四年間每年經九江海關出口值的四百至九百多萬兩之間情況，增長均在一至三倍左右；較清末最好的一九〇四至一九一一年（最高的一九一一年為 19071686 兩，最低的一九〇五年為 12154563 兩，年平均為 15372650 兩），除個別年份，增加數也十分明顯。

第二節 ▶ 財政狀況的日益惡化

一 田賦折征銀元的改革

　　江西的財政收入，因關稅直隸中央，鹽稅向歸兩淮鹽運使署收取，故主要來源僅為田賦和統稅兩項。這兩稅徵收的無序與混亂，又是封建時代以來歷代行政中最為明顯的特點之一。

　　民國建立後，即對田賦進行統一徵收銀元的改革。按清代舊制，田賦名目不一，銀、錢、物相混，地丁銀以兩、錢、分、釐為單位計算，漕糧、兵米以石、斗、升、合為單位計算，草以束為單位計算。名為征銀，而折收錢文，或銀錢並征，多少各不等；名為徵糧征草，而折收銀錢，或實收糧石草束，多少亦各不等，紛繁錯雜，莫可究詰，為官吏恣意侵吞提供了便利，而國家與人民均「交受其病」。一九一二年二月，江西省議會議決，實行略低於清末的田賦折征銅錢數，即每地丁一兩，徵收銅錢二千七百文；每米一石，徵收銅錢三千六百文。當年全省實收田賦折合銀元二百五十一萬餘元，較財政部核定的四百四十八萬餘元相差較遠。

　　隨後，財政部通令各省整頓稅收，規定完納丁課一概以銀元計算，漕糧等項也相繼改折銀元。江西省一九一四年照此規定進一步進行改革，其具體情況為：地丁及兵折、湖課、河課、漁課、蘆課、新升課，並屯糧、丁銀，每兩折徵銀元兩元二角（其中 1.8 元為國家稅，0.4 元為省稅），兵加每兩折徵兩元，山鈔稅、魚油稅、商稅、賈稅、落地稅、官山租、藕息，每兩折徵 1

元 8 角，官租、地租、救租每兩折徵 1 元 7 角，濠租除永修一縣按 2 元折徵外，其餘各縣均按 1 元 7 角折徵。湖租則南昌縣每兩折徵 1 元 7 角，德安縣每兩折徵 1 元 8 角。全省漕米每石折徵 2 元 9 角（其中 2.4 元為國家稅，0.5 元為省稅）。凡屬田賦範圍內的租課，均以上項標準折納。照此規定，江西在一九一四年至一九一八年實收田賦數目為：一九一四年，全省實收銀元 四百零四萬七千四百八十一元（占應徵額的七成多）；一九一五年，全省實收銀元五百一十五萬二千九百四十四元（應徵 6149691 元）；一九一六年，全省實收銀元四百三十七萬一千六百九十四元（應徵額 6226697 元）；一九一七年，全省實收銀元四百四十五萬四千九百零六元；一九一八年，全省實收銀元 437432□元[27]。田賦折征的改革，簡化了徵收手續，統一了折算比例，也有助於堵塞各級徵收過程中的漏洞，其作用較為明顯。

二　全省財政收支狀況

　　江西財政極度困乏始於清末。《辛丑條約》簽訂，江西被攤派的賠款達一百四十萬兩。此後，江西全省歲入僅七百餘萬兩，但每年負擔的中央指撥協餉、攤派洋賠款等各項，累計竟達近五百萬兩（其中洋賠款 295 萬餘兩，京調銀 99 萬餘兩，協餉銀 60

27　財政部編《1912-1918 年各省區田賦情形彙編》（1919 年 8 月），《中華民國史檔案資料彙編》，第三輯，財政（一），第 1253-1285 頁。另注 1918 年原數據為 437432.796 元，缺一個位數。

萬兩，共計 450 多萬兩），「實較他省所罕有」。這種情況，在民國建立後並未改變，以致都督李烈鈞因財政負債纍纍，多次向財政部籲請減輕江西負擔。[28]

李烈鈞督贛時期，財政權在地方。當時政治更新，財政上也追求清明，減輕征徭稅捐，故收入亦有所減少，如一九一二年田賦、統稅兩項收入，折合銀元約為四百二十萬元。但開支則因機關林立，軍費驟增等，較清末為大。由於當局主要採取減交緩交中央款項、建立民國銀行發行紙幣、發行公債四百萬元等辦法，這兩年間的江西財政，基本達到了平衡。

在一九一四至一九一七財政年度（每年度以當年七月一日至次年六月三十日計），地方財權收歸中央。在袁世凱的集權專制下，中央政府厲行收入主義，先後召開全國財政會議、在各省設立國稅廳等專門機構，確定各省接濟中央專款政策。江西這幾年間「四境乂安，兵戎不興。論贛省財政之佳況，莫不盛稱此時」。為保證開支，江西還從兩個方面來增大財政收入：相繼實行賦稅改征銀元、屯田給照、增加田賦徵收手續費、創辦船捐等辦法，每年增加收入六十四萬餘元；儘力裁減行政費、軍政費，核減財政、教育、司法、農林等費，每年達二百一十二點七萬元。但就這幾年的決算看，僅一九一五年「收支尚能適合」[29]，

28　《復財政部電》（1912 年 10 月 15 日；11 月），《李烈鈞文組》第 93 頁、105 頁。

29　吳舫等：《整理江西財政案》（1925 年），中國第二歷史檔案館編《善後會議》，檔案出版社 1985 年版，第 359 頁。

其餘各年收支不敷共計三百一十萬元，每年平均負債仍有八十萬元。所以如此，其根本原因，在於江西「當局竭財賦以供中央，對於地方建設，反多漠視」[30]。贛督李純「惟偏重國家之收入，而忽視地方發展」，對中央專款不但按數解送，而且每年均有超額，最多的一九一七年超額達三十一萬多元；軍費過高，如一九一七年實際開支軍費四百一十六萬元，占實際收入九百一十點八萬元的將近一半，引致地方建設受到減少經費和缺乏投入的制約，稅源不足，並從此種下江西財政「負累日增」、日形惡化的根子。

陳光遠督贛後，軍隊驟增，餉糈浩繁，入不敷出，經費無著，於是開始連續借債。「調查江西債款大別為三：（一）為各銀行借款。（二）為十年公債。（三）為積欠軍政各費。其中如中行幣制借款、長期借款、台灣銀行借款為數約四百萬元，又十年公債六百餘萬元，均是陳督任內之事。」[31]總計一九一八至一九二○年的全省財政開支，實際收入各年分別為八百六十四點九萬元、八百九十九點三萬元、八百二十一點七萬元，實際支出各年分別為一千零三十八點二萬元、九百九十六點一萬、一千零八點三萬元，各年超支在一百萬至一百五十萬元。各年度開支中，最大一項均為軍費，分別為四百零三萬元、四百零三萬元、四百

30　陳家棟主編《江西財政紀要》，1930 年印刷，第一冊，概要，第 12頁。

31　吳劽等：《整理江西財政案》，1925 年，中國第二歷史檔案館編《善後會議》，第 359 頁。

零七萬元，占各年實際收入也都將近一半。到一九二○年，全省歷年虧欠達一千三百萬元。有論者指出，江西財政增之者一，耗之者十，取之者盡錙銖，用之者如泥沙。竭閭閻汗血之資，以供軍政不時之需，杼軸雖空，誅求不已。全省自一九一八年後，財政已失其獨立之精神，重以債券准抵賦稅，收入極少現金，商業不振，金融已竭。[32]

一九二一年後，軍事迭興，支出愈加增長，財政日顯崩潰狀況。「蔡督繼任，連年對粵用兵，軍事費用日益增多。羅掘既窮，苛徵百出，於是復向各銀行錢莊零星息借三百餘萬元。方督到任後，又加借一百餘萬元。大都以統稅丁漕為抵押，而欠發各機關政費不下五百萬元。綜核負債數目，約共二千餘萬元，遂使贛省財政混亂，達於極點，致陷全省於破產之地位。」[33]具體開支，以一九二四年為例，詳細項目為：

收入（據江西財政廳開報）：

1. 田賦（地丁、米折、租課等項）共五百三十七萬五千四百六十元。

2. 統稅共二百三十萬二千零一元。

3. 正雜各稅（茶稅、糖稅、屠宰稅、一五加稅、米石特別稅等項）共九十萬五千六百三十六元。

---

32 陳家棟主編《江西財政紀要》，第一冊，概要，第 15 頁。

33 吳紡等：《整理江西財政案》，1925 年，中國第二歷史檔案館編《善後會議》，第 359-360 頁。

4. 正雜各捐（船捐、街捐、鋪捐、樂捐、燈捐、公益花捐等）共十萬七千一百九十二元。

5. 雜收（統稅、五釐附稅、丁米串費、官契紙價等項）共四十四萬六千六百六十九元。

6. 礦稅、契稅、牙當稅共三十五萬一千四百九十八元。

以上六項，收銀元九百四十八萬八千四百五十六元。

支出：

甲、政費

1. 各行政機關薪工及行政費共三百零三萬三千五百二十八元。

2. 外交經費二萬一千二百七十六元。

3. 教育經費八十四萬一千七百三十七元。

4. 司法經費四十九萬一千六百一十二元。

5. 實業經費十三萬八千六百五十七元。

6. 債款息金二百三十九萬六千二百八十元。

以上政費及債息共六項，一九二四年度預算列支六百九十三萬三千零九十元。

乙、軍費

1. 督辦公署，各鎮守使署，各軍事機關及江西第一、二、三師，中央暨滇、贛、魯各師旅餉項，共一千一百七十六萬元（此項據督辦公署函，以一九二五年二月份薪餉等項九十八萬元為標準，計算全年為此數。但服裝給養臨時軍費仍不在內）。

2. 新編江西第四師賴部薪餉九十六萬元。

以上軍費兩項，支出為一千二百七十二萬元（一九二五年支

出數）。連同政費，合計支出為一千九百六十萬六千零九十元。

從以上收支項目及實數看，即使將全省全年收入全數撥充軍費，尚有差額三百餘萬元。再將國稅收入一百七十九萬餘元（為中央收入，主要項目有榷運局 102 萬餘元、印花處 7 萬餘元、煙酒公賣局 67 萬餘元、贛關 3・4 萬餘元，四項歲入銀元 179 萬餘元）撥抵中央軍隊薪餉，仍有不敷。這些不足之數，多靠拖欠政費、借款和濫發紙幣、發行公債（如一九二五年發行新公債 800萬元）、整頓稅收、追索欠賦、增加雜捐雜稅等來應付。統計表明，一九二一至一九二五年度，全省賦稅超過半數被作為借款抵押，由銀行團支配債權[34]，累計財政虧欠共達二千七百萬元。因此，有人評論此時的江西，四郊有竭澤之嘆，司農興仰屋之嗟。贛省財政之危窘，無有過於是時者。地方民眾精枯髓竭，失生存之樂，社會經濟岌岌如累卵，瀕臨崩潰。現在看來，若以財政赤字總額論，數目並不是太大，但若從當時條件看，北洋軍閥主政下的江西財政，也確實陷入了入不敷出、難以為繼的困境。這種財政困境，反過來又不能不對軍閥政治產生根本性的影響。

---

34 如到 1925 年 3 月止，全省共有指定縣局賦稅抵押借款 255.7 萬元，不指定縣局賦稅抵押借款 46.4 萬元，有利兌換券抵押借款 31.3 萬元，米護照抵押借款 30.3 萬元，十年公偵栗抵押偵款 45.6 萬元，暫不還本借款 302.4 萬元，台灣銀行及古河公司外偵 160 萬元，鹽、煙、酒各稅抵押借款 83.8 萬元，臨時借款及各行莊欠息 94 萬元，有利流通券本息 167.4 萬元，十年公偵未還本息 550 萬元，造幣廠欠贛省銀行 4 萬元，積欠軍政費 500 萬元，總計 2000 多萬元。

第三節 ▶ 教育與文化的更新

一　新式教育的推廣

　　江西向為科舉教育的發達之區。自清末廢科舉、興學校，仿行歐美新式教育制度後，開始實行教育體制和教學形式、內容的轉變，到一九一一年的十年間，全省辦有新式中學二十三校，小學八十多校（每縣一校）。「民國成立，氣像一新，各縣人士均感興學之重要」[35]，江西新式教育在清末的基礎上，出現一個較大的發展。

　　發展最快的是小學教育。一九一二年，主持江西教育行政的符鼎升得到李烈鈞的支持，取全省串票附稅的十分之七為辦學之用，各縣小學遂驟然增加，全省計達三千餘校，出現一個辦學高潮。到一九一四年七月，全省興辦的公立、私立初等、高等小學，共有四千二百六十二所，學生達十四萬八千五百六十五人。其中，私立學校及學生均超過半數，男校及男生更遠遠超過女校及女生。具體數字為[36]：

35　民國《江西通志稿》，第 23 冊，第 10 頁。

36　李桂林等編《中國近代教育史資料彙編・普通教育》，上海教育出版社 1995 年版，第 526 頁。

· 1914年全省公私立小學及學生統計表

	初等小學校		高等小學校		合計	初等小學校		高等小學校		合計
	男	女	男	女		男	女	男	女	
公立	1242	35	283	14	4262	43269	3494	12793	431	148565
私立	2344	12	328	4		76826	2072	9576	104	

　　這些小學，「以省立模範小學校較為優良，他若省立初等小學校八處，以第一、第二、第三、第四、第八各校尚為得法，惟校舍均是遷就，設備太不完全，是其缺點」。在私立小學中，蔡敬襄獨立創辦女子小學，義務辦學，苦心經營，以致於以典物、募捐及兼職薪水來捐助教學，「形式精神均有可觀，為贛垣私立女學之最優良者」[37]。各地辦學情況也很不平衡，從一九一六年九月實有學校數目看，全省這時辦有高小四百三十七所，國民學校（即初小）三千二百六十六所，其中省會南昌有高小五所，國民學校十三所。全省八十一個縣中，則以萍鄉縣小學校為最多，有高小二十所，國民學校二百三十五所。萬載縣次之，有高小十

37　《教育部視察各學區學務總報告》（1913年8月），載《教育公報》，1914年第一卷。關於全省學校和學生數，1936年出版的《江西年鑑》所載全省初等教育數據為：1912年度學校3107所，學生309387人；1913年度學校4270所，學生148930人；1914年度學校3925所，學生131936人；1915年度學校3458所，學生111728人；1916年度學校3968所，學生127210人；1922年度學校6105所，學生213709人。

七所，國民學校一百三十四所。小學校設立最少的是南城（高小1所，國民學校2所）、寧岡（高小1所，國民學校6所）、德興（高小1所，國民學校7所）等縣[38]。宜春、吉安和贛縣的小學興辦，這時也有一個較大的增長。

全省小學當時實行壬子癸丑學制的四三制，即初小四年，高小三年。一九二三年改行壬戌新學制，實行四二制，此後長期未變。按照教育部一九一五年公佈、次年十月修正的《國民學校令》和《高等小學校令》的規定，國民學校即初小設置課目為修身、國文、算術、手工、圖畫、唱歌、體操，女子加縫紉課；高小課目為修身、國文、算術、本國歷史、地理、理科、手工、圖畫、唱歌、體操，男子加農業課，女子加家事課；教科書由教育部編寫或審定。這些課程設置，與清末相比較又有了改進，體現了民國教育的新的要求。改行新學制後，還在小學中附設幼稚園，連帶開辦幼兒教育。在興辦小學的同時，全省對私塾教育也進行了整理和改良。由於處在新舊教育制度的轉換時期，也有一些小學在教學質量上與新制尚有較大距離。一九二二年，即有新文化人士批評興國的小學教育說：城鄉小學合計有七十二個，但多數小學還是私塾的變相，也有形式上好一點的，並實行了男女同校。至於小學教職員，簡直不知道教育是什麼一回事，所以社會上一般人多不信任學校，說學校不好的極多，頑固不化的八股先生們，更拚命地摧殘，叫人家的子弟送到私塾裡去讀三字經百

38　《全國教育行政會議各省區報告匯錄》，1916年11月。

家姓，弄得雖有學校卻少人進。[39]

　　中學教育經過清末的草創期後，這時有一個緩慢的進展。一九一二年，曾統一將清末的中學堂改稱中學校。其教學情況，據教育部視察報告稱，江西「公立中學校在省城者僅有一處，原在高等學校校內辦理，近因該校舍為軍隊借用，遂與師範學校在百花洲陳列所內開辦。視察時已停課溫習，未及實查管教各法，然校址為遊覽之地，改為校舍，殊有未宜。私立中學校以心遠中學、章江中學二校開辦較早，成效頗著。唯私人創立學校，籌劃容有未周，或職員多是義務，管理失之稍鬆，或中學人數太少，教授諸多不便，幸創辦人苦心毅力，得以維持，未至停罷。至洪都中學，校舍太小，積習頗深；吉安中學，學期試驗漫無規則，設備缺乏，管理廢弛，皆亟待整理者也」[40]。這一情況，反映了中學教育初創時的艱難。一九一四年，省教育廳將原由省及各府主辦的中學校，統一改為省立中學，並按序號排列。[41]一九一五年，全省有中學十六所，學生二千三百四十二人，畢業學生二百四十六人。十六所中學辦學經費十萬六千三百四十七元，所均僅六千餘元。[42]到一九二六年，公立中學增設九所，其中三所為師

39　黃家煌：《興國的社會情形》，《新江西》第一卷第二號。

40　《教育部視察各學區學務總報告》，1913 年 8 月。

41　其中省立第一、二中學在南昌，三中在九江，四中在贛縣，五中在鄱陽，六中在節安，七中在臨川，八中在宜春，九中在寧都。1923 年增設十中在上饒，十一中在南城，十二中在樟樹，十三中在星子，十四中在大庾，女子中學在南昌。

42　李桂林等編《中國近代教育史資料彙編‧普通教育》，第 848 頁。

範學校、一所為女子中學。私立中學較公立中學發展更快一些，增設二十餘所。此外，南昌的葆靈女學、九江的儒勵女學、南偉烈學校等教會學校，仍繼續辦學。中學課程設置，教育部要求為修身、國文、外國語、歷史、地理、數學、博物、化學、法制經濟、圖畫、手工、樂歌、體操，女子中學加家事、園藝、縫紉課；外國語以英語為主。這些課程設置，已比較完全地與傳統教育區別開來，學生接觸到的已經是新的世界、新的科學知識。因此，中學校及學生雖然不多，卻是全省最具活力之所在，各地中學成為接受新文化新思想的主要場所，中學生不但是當時出國留學深造的主要來源，而且是當時全省最富有思想活力和組織活力的群體，不少人成為江西五四運動的中堅，江西最早的國、共兩黨黨員和青年團員，也主要出自中學生中。

　　幾所公、私立專門學校的創辦，首開江西高等教育的濫觴。這些學校，據教育部公佈的資料，有江西公立法政專門學校，校長胡薰，設南昌市德勝門；江西公立農業專門學校，校長熊世績，設南昌市進賢門外關口；江西公立工業專門學校，校長胡飛，設南昌市書院街；江西公立醫學專門學校，校長何煥奎，設南昌市貢院前；私立心遠大學，校長熊育錫，設南昌市三道橋；私立江西豫章法政專門學校，校長邱璽，設南昌縣城；私立江西法政專門學校，校長龍欽海，設南昌市高昇巷。[43]它們均是在一

43　中國第二歷史檔案館編《中華民國史檔案資料》，第三輯，教育，第201-203頁。

九二一年前創辦，其中公立學校在數量上占一九二一年時全國地方十二所省立專科學校總數的三分之一，「這種情況表明，江西在依靠本身力量創辦新式高校方面，走在全國最前列」[44]。此外，在九江尚有美國教會辦的南偉烈學校，也曾稱南偉烈大學，實介於中學與高專之間。

以官費為主的留學教育在這個時期成績明顯。一九一二年，贛督李烈鈞認為造就人才至為要著，一上任即在全省招考並寬籌經費，選拔優秀青年二十人，以官費派遣前往日本和歐美求學。[45]江西的留學高潮，出現在一九一四至一九一五年。據統計，這兩年間，江西留學美國者有十四人，留學歐洲（主要為法國）者七人，而留學日本者為八十人。[46]江西留學生大部分東渡日本，與這時出現的繼清末後中國人留日運動的第二次高潮正相同步。在全部留學生中，除十二人學習法科、一人學習文科外，其餘八十八人均選擇了理科、工科、農醫商科和師範。這次高潮之後，江西的留學教育，持續進行，陸續派遣了官費留學生出國留學。留學教育的發展，為江西乃至全國培養了一批傑出的人才，如陳寅恪、饒毓泰、胡先驌、程孝剛、吳有訓、傅烈等（其

44　溫銳等著：《百年巨變與振興之夢——20 世紀江西經濟研究》，江西人民出版社 2000 年版，第 135 頁。

45　《李烈鈞自傳》（1944 年三戶圖書社出版）記載這批留學者為「百餘人」，楊仲子《辛亥革命後江西首批官費留學生簡介》（《江西文史資料》第十五輯第 96 頁）記載為 20 人。此處依楊説。

46　陳學詢、田正平編《中國近代教育史資料彙編・留學教育》，上海教育出版社 1991 年版，第 690-693 頁。

中有的從清末即已留學，如陳寅恪），後來都為我國的科學、教育和政治事業作出了突出的貢獻。在北洋中央政府、議會和江西省的軍政官員中，有一批江西籍留學生出身者。

專門性教育也有所發展，尤以農業職業教育和師範教育為好。在清末開辦有江西農業專科學校和工業專科學校的基礎上，這個時期的職業教育繼續向南昌以外地區延伸。在一九一二至一九二六年間，先後開辦了省立陶業學校、省立女子職業學校、省立商業學校以及贛縣、臨川、九江、吉安農業學校等十三所職業學校。職業教育因其專門性而顯出較高的辦學質量，如省立陶業學校，「以五年為卒業期限，以養成陶瓷業學生。現有學生六十名，校長及教務長皆日本東京高等工業學校卒業生。校中設備甚為完全，試驗室中設有汽機，多方研究。其製造品，比前所有之生地甚為潔白。其繪畫則以寫生畫為多。又其製造品，在聖路易萬國博覽會受獎牌者不少。以前中國無銅版畫，現該校亦能完全製成」[47]。師範教育則呈現分佈較為合理的特點。到一九一九年教育部公佈全國師範教育情況時，江西全省開辦的師範學校一共有九所，其中，省立第一至第七師範學校分別設立於南昌、贛縣、臨川、鉛山、清江、九江、吉安，另有省立女師在南昌，萍鄉則創辦了縣立女師。

這個時期興辦教育的最大困難，還是經費不足的問題。一九

47　張仁任：《饒州及景德鎮之陶瓷業》（1918 年），《中華民國史檔案資料彙編》，第三編「工礦業」，第 343 頁。

一二年全省教育經費銀二十萬兩,一九一三年增至銀元四十萬元,到一九一六年也僅四十五萬元。而「其中留學費已去其半,故甚拮据」。各縣經費主要來源於丁漕附加稅,尤其短缺,最多的吉安縣僅二點九萬元,最少的虔南縣(今龍南縣)竟只有四百元。[48]此後,全省教育經費略有增加,但數量不大,一九二二年前,每年為六十餘萬元;一九二三年為七十六點四萬元,一九二四年八十一點四萬元,一九二五年突破了百萬元,為一百二十五萬元,一九二六年為一百三十三點二萬元。[49]由於經費的不足,既影響到辦學的規模和質量,也使一大批家境貧苦的學生難以入學。一九一八年二月,江西教育界人士便曾反映,「贛省人民生計困難異常,故一般青年之志望入學者,卒以學費難籌,不克入校」,故要求減免職業教育的學費。[50]

二　文化領域的新氣象

進入民國尤其是經過新文化運動洗禮後,江西的文化領域產生了日新月異的變化。這種變化,既表現為許多新的文化形式的出現,更反映在文化內容的改變上。儘管北洋政府對言論的壓制相當嚴厲,這個時期仍不失為文化的新興與活躍期。

48　《全國教育行政會議各省區報告匯錄》,1916 年 11 月。

49　民國《江西通志稿》,第 23 冊,第 6 頁。

50　《教育部咨廣西、江西等省省長實業會議議決實業學生給予公費消酌量核辦文》(1918 釘 2 月 4 日),北洋《政府公報》第 737 號,1918 年 2 月 9 日。

首先是大量報紙雜誌的創辦。據《南昌市志》記載，民國成立，南京臨時政府隨即頒佈《中華民國臨時約法》，規定人民有「言論、著作、刊行之自由」，南昌「一時報刊似雨後春筍般地湧現：《大江報》、《豫章日報》、《晨鐘報》、《商務日報》、《新聞迅報》、《天備報》、《共和公報》、《章貢潮》、《民治日報》、《民權日報》、《社會日報》、《和平日報》、《女界旬報》、《神州日報》、《正義報》、《江聲報》、《新世界》、《學務週報》、《通俗週報》、《匡報》、《中庸報》、《工商報》等二十種報紙相繼在南昌創辦（大都已佚）」[51]。「江西的報紙大多為黨派所操縱」[52]，因而其政治傾向不一，但大多致力於新文化知識和時事新聞的傳播。其中，《大江報》「運動新文化，進步一日千里」，在江西報業中「是很好的」；《新民報》的前身為《江西民報》，民報是吳宗慈等主辦、江西發行最早的報紙，被號稱為「江西之申報」[53]，這時則以其副刊《作新民》而著名，副刊編輯李立侯、孫師毅注重科學知識、新詩等，刊載自由戀愛的小說、新詩以及宣傳文學革命、言論獨立、社會改造、社交公開等主張，傳播新文化新知識，別開生面，一期比一期進步；《中庸報》在五四運

51　《南昌市志》，方志出版社 1997 年版，第 6 冊第 351 頁。這些報紙，有的被當局封閉，如《晨鐘報》（江西國民黨支部的機關報，「二次革命」失敗後被軍閥當局封閉）、《大江報》（1922 年 5 月因刊登袁玉冰主編的五一特刊被軍閥當局查封）；有的停辦後改變報名繼續出版，如 1918 年《江西民報》更名為《新民報》。

52　袁玉冰：《江西的出版界》（1922 年 9 月），《袁玉冰專集》，第 52 頁。

53　歐陽祖經：《十年來之江西文化事業》，《贛政十年》（18）第 17 頁。

動後一度也很有改革的精神，其「文化運動」專欄在袁玉冰看來「很有精彩」；《正義報》則自稱特聘了「新文化的鉅子」為其編輯專欄「到光明之路」。但這時的報紙也存在缺乏新知識和膚淺的問題，有的對社會問題不能有精確的判斷，有的甚至因不懂新知識而鬧出笑話（如《南昌新報》報導一九二一年江亢虎來南昌演講時，便把「唯心唯物」寫成「維新維舊」）。另外，在上述南昌的報紙中，據袁玉冰當時所言，《新世界》和《章貢潮》開辦時原為南昌花界的報紙，後來才改版，「內容當然是不堪問的」[54]。

　　一九一四年袁世凱頒佈《報紙條例》與《出版法》以控制輿論後，報紙蜂起的勢頭大為抑減，一些報紙還被封閉或被迫停辦（《報紙條例》於一九一六年七月被廢止）。但在新文化運動中，雜誌蜂起成為新的特殊現象。一九二二年夏，袁玉冰曾對全省出版的雜誌做過一個粗略的檢視，所提及的即達二十多種。最主要的是兩大類：一類是學校、學生及學生社團主辦的雜誌，這類雜誌以政論性、思想啟蒙性和傳播新文化為主，如南昌二中改造社的《新江西》、吉安青年學會的《青年》、吉安旅京學生會的《吉州》、南昌覺社的《時代之花》、女師的《江西女子師範週刊》、北大贛籍學生的《贛治週報》、高安籍學生的《錦江新潮》、《高安曙光》、豐城旅省學生的《豐城週刊》、萬安學生的《週刊》、武寧的《武寧平民》、少年江西學會的《贛聲》，以及江西《第

54　袁玉冰：《江西的出版界》（1922年9月），《袁玉冰專集》，第50頁。

二師範月刊》、第三師範的《教育鏡》（原名《學生週刊》）、《第四師範雜誌》、省立《二中週刊》、私立心遠中學的《心遠週刊》、《清江旅省學友會期刊》，等等。它們大多及時地反映了當時的時代變化、思想潮流、社會主張、文化新潮等，給江西文化領域帶來一種蓬勃的生氣。另一類為專業性的社會團體刊物，如江西小學教育研究會主辦的《新鐸》月刊，教育界人士主辦的《學殖》、《萬安社會教育促進會會刊》，江西通俗教育會主辦的《通俗週報》，江西學術研究會主辦的《學潮》，江西文藝通信社主辦的《消夏》週刊，等等。這類刊物除個別為娛樂性質外，大多也比較注意反映各自領域內的新主張、新形式，如《通俗週報》刊發風俗談、諺語、歌謠、中外要訊、本省記事等欄目，而且「攻擊一切壞風俗」，「能供給讀者新知識」[55]。客觀地說，大量報紙雜誌的創辦發行，本身就是文化事業的新內容新現象，而通過它們的傳播，在更大的程度上推動了江西的新文化運動，促進了思想的啟蒙和文化的更新。因此，在北洋時期的江西，報刊可以說是文化事業和新文化運動的主力軍。

　　隨著報刊的創辦，現代文學創作相伴而生。在報紙的副刊及雜誌上，不時有新式的短篇小說、詩歌、散文發表；有的江西籍作者還在上海、長沙等地出版作品。如徐先兆一九二一在《新江西》上發表小說《這也應該承認她做母親嗎》，白采先後在中華書局自費出版小說集《白采的小說》和長詩《羸疾者的愛》，羅

55　袁玉冰：《江西的出版界》（1922 年 9 月），《袁玉冰專集》，第 47 頁。

黑芷一九二六年在長沙出版散文集《牽牛花》等。[56]但從數量上說，這時的現代文學作品尚不多，有影響的作家更少，且多在省外生活、創作，他們的作品在省內反倒流傳有限。

繼一八九八年九江首先放映電影之後，南昌一九一四年在洗馬池的福音堂放映無聲電影（隸屬省教育司的宣導所，在一九一三年夏秋也曾擬更名為江西模範講演團，添置活動電影，往外縣巡行講演社會知識。但此事因二次革命失敗而未辦成）。此後，電影放映逐步向萍鄉、修水、贛州、撫州、吉安、泰和等全省其他地方傳開。這時的電影，主要是衛生科教片和風光紀錄片，其放映活動，均為非營業性質。比較而言，最為活躍的仍為傳統戲劇。久負盛名的弋陽腔（一九五〇年定名為贛劇）在民國初年吸收傳入江西的安徽梆子後，進一步豐富了其三大聲腔之一的亂彈腔，成為一個具有地方特色的多聲腔的劇種。[57]弋陽腔、採茶劇、宜黃戲、京劇等多劇種、多支派、多形式的戲劇藝術，在社會文化中占據重要的地位。

江西近代文化中的另一新事物，是圖書館的設立。一九一二年，著名藏書家、宜豐人胡思敬捐書十萬餘卷，在南昌百花洲旁設立私立「江西全省圖書館」。此為江西創辦圖書館之始。「惟藏書均是經史子集各部圖書，無科學及通俗書籍」[58]。次年，開

56　王秀凡主編《江西省志・江西省文化藝術志》，新華出版社 1999 年版，第 42-52 頁。

57　《江西省志・江西省文化藝術志》，第 71 頁。

58　李桂林等編《中國近代教育史資料彙編・普通教育》，第 973 頁。

始籌辦通俗圖書館，以為中小學生及一般國民閱覽。到一九一六年，全省已設立通俗圖書館五個，全部為公立性質。[59]一九一八年，江西省立通俗圖書館開辦，內設藏書、公眾閱覽、兒童閱覽、新聞閱覽、巡迴閱覽及辦公、招待各室，是江西省「歷史上第一所初具綜合性圖書館規模的省級公共圖書館」[60]。一九二二年，又成立了江西省公立圖書館，該館藏書近九千冊，設有漢文、日文、英文和日報雜誌等四個部。到一九二六年底，江西省立圖書館藏書增至一點三五萬冊；全省公、私立圖書館這時已有十五所（一說民國初期全省縣以上圖書館有二十餘座），其中大多數為私立圖書館。

第四節 ▶ 社會結構與習俗

一 人口變化與結構

　　北洋時期的江西人口總數，因缺乏準確的人口統計，大多出於有關機構的調查估計，故而是一個相當模糊的數字。據這些估計，江西一九一〇年人口總數為二千三百二十二萬五千零八人（國務院統計局報告），一九一六年為二千五百零九萬八百三十

59　中國第二歷史檔案館編《中華民國史檔案資料彙編》，第三輯，文化，第 127 頁。
60　《江西省志・江西省文化藝術志》，第 374 頁。

四人（內務部調查報告），一九一八年為二千萬人（九江海關職員萊德估計，內政部估計，同年另一數據是內政部估計江西 62 縣人口為 13369752 人），一九二一年為二千四百五十三萬四千人（海關調查估計），一九二二年為二千四百四十六萬六千八百人（郵政總局調查估計）。[61]據當時研究者認為，這些估計比實際人數略高，從文化、經濟、政治、社會各種變遷上與數字比較上研究，從清光緒末年到一九三〇年代的三十多年間，江西人口是一個遞減的趨勢，更為多數的估計是，一九二〇年代江西人口在二千萬上下。[62]

社會結構的最大變化，是產業工人較之清末有較大的增加。江西近代產業工人最為集中的九江、萍鄉、景德鎮和南昌，情況都差不多。如在誕生了江西最早一批產業工人的九江，清末時有工人數千人，一九一九年時已增加到一萬餘人，約占同期九江城市人口的五分之一。萍鄉煤礦的工人，一九一〇年時為三千五百人，一九二二年時已達一萬三千餘人（安源路礦工人罷工時，加上株萍鐵路工人，共有 17000 人）。[63]景德鎮陶瓷業工人，長期

61　詳見《江西人口總數之估計》，江西省政府經濟委員會編《江西經濟問題》，1933 年編印，第 3350 頁；江西省政府統計室編《江西省農業統計》，1939 年編印，序。

62　《江西人口總數之估計》作者甚至也無法確認準確數字，故文中出現「江西人口在民國十六七年間，如確在二千數十萬，至二千一百數十萬之間」的模糊性語言（《江西經濟問題》第 48-50 頁）。

63　陳榮華、何友良：《九江通商口岸史略》，江西教育出版社 1986 年版，第 153 頁。

保持在十多萬人的規模，則是工人人數最多的地方。當然，產業工人在全省人口中所占的比例，仍然是一個極低的數目。

與近代產業工人相伴而生的，是近代城市的發展。隨著近代工商企業的生長和水電、新式銀行等近代市政設施的創辦，以南昌、九江、萍鄉、景德鎮、贛州等地為代表的近代城市，在這一時期有一個較好的起步性發展，由古老的城市走上了向近代城市轉換的歷程，儘管在這同時，也出現了一些曾經繁華的古代市鎮的衰落。

占江西人口大多數的是農民。全省農戶，尚缺乏精確的統計與分析，據《中國近代農業生產及貿易統計資料》的記載，一九一四年時全省農戶總數為四百零七萬七千戶。[64]如以每戶人口平均四人計算（實際可能不止 4 人），則全省農村人口約在一千六百多萬人。以當時全省人口總數在二千萬左右計，則農村人口當不少於百分之八十五。全省農民的階層結構，據一九三四年中央農業實驗所對二十三個縣的調查，一九一二年江西的農民中，佃農占百分之四十一，自耕農占百分之二十九，半自耕農占百分之三十。[65]這個結構，在整個北洋時期相當穩定，沒有什麼大的變化。

在社會的底層，有一個相當龐大的祕密會社群體。他們被稱

64　溫銳等：《百年巨變與振興之夢——20 世紀江西經濟研究》，第 49 頁。

65　《申報年鑑》，1935 年，台北文海出版社《近代中國史料叢刊》第 98 輯，下，第 704 頁。

為幫會、會黨，江西的幫會組織主要有洪江（三點）會、哥老會等，清末革命時，他們曾積極參與，曾是萍（鄉）瀏（陽）醴（陵）起義和辛亥革命的主要參加者。革命黨人掌握政權後，從穩定社會秩序著眼，立即轉向取締和鎮壓會黨，與昔日的同盟者的關係發生了急遽的變化。一九一一年十二月，江西軍政府連續兩次發佈《解散洪江、三點、哥老會佈告》，命令「所有前項各會應剋日一律解散，並將票布自行銷毀，不得稍有私藏，否則甘為匪人，決不寬大」[66]。這一做法，其後被延續下來，並被湖南、湖北等省相繼效仿，雖然對穩定當時的社會秩序起了一定的作用，但因善後乏術，也產生了長久的不良社會影響。會黨成為當局的打擊對象後，紛紛轉入地下，不少轉而成為土匪或地方政權的對抗力量，對社會秩序構成更大的危害。

土匪則是一個公開與政權對抗的群體。土匪主要是一些失去生產、生活資料的遊民與農民。江西的土匪，總量並不大，但對社會秩序影響較大。一九二三年江西發生的兩處匪亂，震動一時。這年夏，安福縣城被大股土匪攻破。據一九二三年八月十三日《時報》記載，這批土匪訓練有素，顯然曾經當過兵打過仗。安福縣知事指揮抵抗不敵，被迫出走。居民被殺者四十七人，當地百姓自行估算損失達百餘萬元。另一例九月十一日發生在寧岡縣。這一天，寧岡九伴塘家資富厚的楊性善家遭持槍土匪搶劫，

---

66 轉引自蔡少卿主編《民國時期的土匪》，中國人民大學出版社 1993 年版，第 179 頁。

擄走數千金，又綁去肉票六人，敲詐數千元。寧岡本為江西山區小城，卻以匪患頻頻而聞名全省。這裡地處湘贛邊界，時常聚散著兩省的散兵游勇，以至燒殺擄掠時有所聞，居然被當時國內頗有影響的《時報》稱為「臨城第二」（指民國著名的「臨城劫車案」）[67]。

在當時江西的常住民中，還有一群特殊的群體，這就是外國人。他們主要分為兩部分，一部分是散處全省各地的傳教士，這部分人沒有準確的統計，但據《東方雜誌》的有關記載，到一九〇八年止，江西全省「各府、廳、州、縣，天主、耶穌兩教華式、洋式各教堂，共有三百數十處之多」[68]，若以每一教堂有一個洋教士計算，則將近有四百人；另一部分是在九江和廬山的外國領事館人員、租界人員、商人以及教會學校、教會醫院的人員等，據九江海關一九一三年的記載，常住九江包括廬山的以商人為主的各種外國人，有一千二百多人，而且「每年並沒有什麼變動」[69]。如是估算，江西的居民中，每年最少有外國人約二千人。

67 《民國時期的土匪》，第 187 頁。
68 《東方雜誌》第五年第二期，宗教。
69 九江海關檔案：《1911-1920 年九江關貿易報告》。九江海關檔案原存江西省公安廳檔案室，現存江西省檔案館。著者是在江西省公安廳檔案室查閱這部分檔案的。

二　社會生活與習俗

進入民國，受歐風美雨和時代風尚的影響，江西民眾的衣食住行等生活習俗漸顯新潮。占風氣之先者，首為受上海、武漢直接影響的九江、南昌和受廣東直接影響的贛南。

民國之始，社會生活中的一件大事是剪辮子。自清朝強行推行薙髮制度，蓄辮已歷二百多年。辛亥革命爆發後，在江西，九江、南昌等革命首應地方，民眾多已剪辮，但中心城市以外則仍有不少留辮者。一九一二年三月五日，臨時大總統孫中山發佈通令，令各省都督令其所屬地方「未去辮者，於令到之日限二十日，一律翦除淨盡，有不遵者以違法論」[70]。經此，蓄辮者在江西已不多見，而各式新鮮髮式，則紛紛出現。據尋烏縣的記載，民國元年以前理髮器具都是舊式的，頭髮裝式一律是辮子。民國元年起，開始用洋剪，裝式一概為和尚頭。次年開始興「東洋裝」，民國六七年在學生和商人中興「平頭裝」、「陸軍裝」，十年到贛州讀書的學生傳來「博士裝」，理髮器具用上了大鏡子、靠背椅和輕鐵梳。十五六年時傳來了化學梳，東洋裝、博士裝式樣則不見了，而平頭裝、陸軍裝則在普通民眾中盛行開來，還新添了文裝、花旗裝、圓頭裝三種花樣，鄉村農民中則有一大部分是剃光頭[71]。僅從頭髮樣式的變化，也可概見民國時尚的頻繁翻

70　南京《臨時政府公報》，第 29 號，1912 年 3 月 5 日。

71　毛澤東：《尋烏調查》（1930 年 5 月），《毛澤東農村調查文集》，人民出版社 1982 年版，第 87-88 頁。

新和人們趨新順勢的心理。

時尚趨新還表現在服飾上。以往服飾，一律是舊式的「大襟裝」，清末興新學後，開始出現「破胸新裝」，一九一八年前後在贛南漸漸多了起來。這時縫紉機進入贛南，因新式裁縫而帶來了上海裝（破胸、圓角、打邊），但到一九二三年，上海裝不興了，又「行一種破胸、方角、大邊裝」，此後則相繼流行廣州裝（七扣四袋，應即是中山裝）等新式服裝，但就普遍性而言，農村中還是舊裝多。服飾、髮式和日常用品（如興洋傘、膠底鞋、運動鞋等）的變化，是民國社會和習俗變化的一個側影，也是社會之「新」的體現。

但是，更多的生活習俗不如服飾、髮式這樣容易改變。許多傳統民間習俗，具有更深的慣性積澱而遷延難改，從而也更加鮮明地反映出民國新舊交替、新舊並存的時代特徵。

全省農民的生產方式，仍然是以耕織結合為主。除耕作土地外，以織布補充家用。「南昌之農民，各家皆有織布木機，且所備機數，皆按各家人數之多寡。所有搖管、牽紗、織機等事，悉由本家之男婦老幼同力合作。其開始織布之期，大率在每年農事畢時，至翌年將行栽秧，始行停止。」[72]這種情況，全省皆然，並不獨南昌一地。但多數農民，入不敷出、衣食不能飽暖的情況

72　《南昌土布洋布業之近況》，《中外經濟週刊》，第 166 號，1926 年 6 月 12 日。章有義編《中國近代農業史資料》，第二輯（1912-1927），生活・讀書・新知三聯書店 1957 年版，第 412 頁。

相當嚴重，據《東方雜誌》一九二七年一月發起的農民狀況調查徵文中，新建作者裘俊夫調查該縣農民生活狀況，發現新建農民的中等戶，「終年碌碌而負債纍纍，不能飽暖者，迨居十之四五」[73]。

不少縣由於沒有一個工廠，也就沒有真正的產業工人。因此，那裡的勞工，主要是為商人做工者。這種勞工，例如在興國，有長工和短工、遠地工和近地工之分。長時勞工男多女少，以年、月計算工作時間，忙的時候還要打夜工，除年節外沒有休息時間，飲食居住多不和主人在一起，工資好的每年三十多塊錢，少的只幾塊錢；短工也叫零工，男女都有，工資和待遇要較好一點。遠地工淨是男人，他們「是做商人的駝馬，到贛州、吉安或廣東、福建去搬運貨，披風戴月，是最苦的勞工」，工資有按日數和按重量計算兩種方式，每天一兩角錢；近地工不出縣界，也是為商人搬運和往鄉挑運米穀雜物，工資每天也不過一兩角錢，但「這種勞工，多屬女人——興國縣的女人，儘是大腳，她的氣力和男人一樣，能挑一百多斤的重物。這是興國縣勞動界的特色」[74]。在一些開辦有工礦業的縣，還有農工。農工的收入同樣較低。例如東鄉、樂平兩縣均無甚差異，常年雇工，每人每月工食約四元左右，臨時雇工，每人每月工食約五元。贛縣常年

73　《東方雜誌》第 24 卷，第 16 號，第 143 頁。
74　黃家煌：《興國的社會情形》，《新江西》第一卷第二號（1922 年）。

雇工，每月工資約二元左右，膳食在外。[75]

借貸是民間的經常性生活行為。借貸形式多為高利貸，且一般都要實物抵押和訂立借約。以南昌為例，鄉間習慣，如需銀錢應用，向人借貸，往往書立借約之外，另將所有不動產，書立絕賣文契一紙為擔保。其賣契與尋常所立之賣契無異，而所裁價值亦於借貸之數目相符，惟於契尾月日之後，批有此業□（資料原件缺一字）押契買，以後如拖欠借項，任憑押主裁契管業字樣，其不動產仍由原業主管有。至債務能依期清償，即將借約及賣契收回；倘有拖欠情形，即由債權人裁去年月日後所批之字，認為完全賣契，實行管業，其間或有借貸數目與契價不符者，仍得由債務者請憑中證人估找價值。[76]

民間生活中的另一突出現象，是迷信和賭博盛行。迷信神鬼之風，盛行全省，農村地區尤甚，「一年三百六十天，沒有一天不是在迷信鬼神中，名堂太多」，「可說應有盡有」。賭博也是這樣。黃家煌調查興國的情況是：興國的賭風沒有那裡比得他上，什麼花會呀，標呀，就是婦人孺子都會賭。一九二一年臘月，有一個農民來縣糶薯米，賣了一吊整百錢，隨即去賭，結果賭輸了不敢回家，就在路上上吊死了。次年正月初七，一個姓鍾的人也

75　高文炳、葛敬猷：《調查江西省糖業報告》，《農商公報》，第 4 期，1914 年 11 月。章有義編《中國近代農業史資料》，第二輯，第 458 頁。

76　《中國民事習慣大全》，第 1 編第 3 類，第 12 頁，1924 年印行。章有義編《中國近代農業史資料》，第二輯（1912-1927），第 552 頁。

是賭博輸了一弔錢，就投塘而死，他的兄弟去救他，也溺死了。黃家煌因此大發感慨：因一弔錢去兩條命，賭博，賭博，真是萬惡！

史料中也不乏江西「民氣強悍」之類的記載，特別是少數地方宗族之間發生愈演愈烈的械鬥，進一步強化了人們的這種印象。「中國械鬥以福建之漳泉、江西之樂平、餘干為最烈」[77]，萍鄉、宜春等地也頗負「盛名」。據記載，僅樂平南東鄉八大姓，在清朝咸豐年間到民國初年的六十多年裡，發生焚屋屠村的激烈械鬥近四十次，幾乎每一年半便要廝殺一場。其中一九一八年張、胡兩姓的第七次械鬥，「焚燒四十餘村，仇殺四五百人，劫商販，斷交通。因仇張姓而波及同音之章姓，焚其室廬。因攔路截殺而斷十三歲張姓童子之首，刳腹去腸，暴屍於道。於是鄉約破壞，全邑震驚」[78]，造成赤地數十里的後果，人稱「蠻觸之爭」。該縣眾埠楊、葉兩村的械鬥，從一九〇〇到一九四九年間發生 7 次，死傷人員也頗為駭人。其中一九一四年的「一次械鬥，楊家敗了，死了一百零四人，房子全部燒光；葉家也死了十四人，屍橫田野，血染台階，到處是慘叫和哭聲」[79]。宗族械鬥是宗法勢力強盛的表現，也是宗族首領以衛護狹隘的宗族利益為

77　余重耀：《樂平械鬥記》，《樂平縣誌》，上海古籍出版社 1987 版，第 484 頁。

78　余重耀：《樂平械鬥記》，《樂平縣誌》，第 484 頁。

79　詹錫昌、陳國藩：《世代冤家變親人》，《中國農民報》1984 年 8 月 26 日，《樂平縣誌》第 489 頁。

藉口而驅使族人流血送命的惡俗。

　　民眾生活尤其受到戰爭、災荒和市面物價的影響，不少人處於飢餓狀態，最嚴重者不得已走上自殺慘路。有研究者統計，從一九一二年至一九二六年間，江西先後發生過八次水災、一次旱災，其中七次為大水災，水災成為制約江西農業生產和農民生活的一個主要災害。[80]據記載，一九二五年受水災和戰爭的影響，在青黃不接之時，贛南各屬，米價騰貴，民眾生活艱難。第三屆省議員王隆驥從其原籍由信豐返南昌，曾詳述贛南大鬧米荒之慘象：其在信豐縣起程時，地方存米已十分枯竭，平民日食，只有稀粥兩餐；六月初旬即呈荒象，「迨至十一、十二等日，則全縣倉廩業已罄空，谷價每擔（每兩擔半合得熟米一擔）需洋八元，且逐日增漲不已，甚至一日之中亦漲價數次。有青村圩農某甲，因家已絕粒，特攜洋八元至城買谷，時谷價已漲至九元，某甲因洋數不敷付一擔谷之價，即轉往親友處借洋一元，詎俟某甲借洋時，谷價又復漲數角；終日奔馳，卒未購得粒米。某甲因一家數口嗷嗷待哺，購米未得，焦急萬分，竟抱厭世主義：即購米三升，砒霜一包，白糖一斤，回家煮稀飯一鍋，全家食斃。此為王氏在信豐所親見之慘狀。舉此以例其餘，餓斃及自殺者當尚不在少數。又王氏曾親聞尋鄔縣篁鄉、流車各處，遍地絕糧，鄉民餓斃者已多至二千餘人，現幸尚生存者，亦惟採取草根樹皮度日，

80　萬振凡、吳小衛：《近代江西農村經濟研究》，江西高校出版社 1998年版，第 160-161 頁。

哀鴻遍野，令人不忍目睹。又雩都縣全境，米穀搜括已盡，因絕糧自殺者，日有所聞。刻下贛南米價，每擔已漲至三十元，青黃不接，為時尚遠，將來慘象，必有更甚於此時者。……加之近自陳炯明、林虎所部軍隊，退入贛南後，信豐、尋鄔、雩都、龍南、定南、虔南、會昌各縣大軍云集，食米消耗額驟增。此際各地既鬧米荒，則地方治安，尤含有無窮之險象」[81]。如此慘景，聞之令人不勝悲憤。次年北伐戰爭在江西境內勢如破竹，與這樣的社會現狀不無關係。

81　《農商公報》第 132 期，1925 年 7 月。章有義編《中國近代農業史資料》，第二輯（1912-1927），第 631-632 頁。

江西文庫 A0701A31

江西通史：民國卷　第一冊

主　　　編	鍾啟煌
作　　　者	何友良
責任編輯	楊家瑜
發 行 人	陳滿銘
總 經 理	梁錦興
總 編 輯	陳滿銘
副總編輯	張晏瑞
編 輯 所	萬卷樓圖書股份有限公司
排　　　版	菩薩蠻數位文化有限公司
印　　　刷	百通科技股份有限公司
封面設計	菩薩蠻數位文化有限公司

出　　　版　昌明文化有限公司

桃園市龜山區中原街 32 號

電話 (02)23216565

發　　　行　萬卷樓圖書股份有限公司

臺北市羅斯福路二段 41 號 6 樓之 3

電話 (02)23216565

傳真 (02)23218698

電郵 SERVICE@WANJUAN.COM.TW

大陸經銷　廈門外圖臺灣書店有限公司

電郵 JKB188@188.COM

ISBN 978-986-496-196-2

2018 年 1 月初版

定價：新臺幣 300 元

如何購買本書：

1. 轉帳購書，請透過以下帳戶

合作金庫銀行　古亭分行

戶名：萬卷樓圖書股份有限公司

帳號：0877717092596

2. 網路購書，請透過萬卷樓網站

網址 WWW.WANJUAN.COM.TW

大量購書，請直接聯繫我們，將有專人為您

服務。客服：(02)23216565 分機 610

如有缺頁、破損或裝訂錯誤，請寄回更換

版權所有·翻印必究

Copyright©2016 by WanJuanLou Books CO., Ltd.

All Right Reserved　　　　Printed in Taiwan

國家圖書館出版品預行編目資料

江西通史 民國卷 / 鍾啟煌主編.-- 初版.--

桃園市：昌明文化出版；臺北市：萬卷樓

發行, 2018.01

　冊；　公分

ISBN 978-986-496-196-2(第一冊：平裝).--

1.歷史 2.江西省

672.41　　　　　　　　　107001903

本著作物經廈門墨客知識產權代理有限公司代理，由江西人民出版社授權萬卷樓圖書
股份有限公司出版、發行中文繁體字版版權。